全能团队

用最少的人做最多的事

喻雄辉　著

台海出版社

图书在版编目（CIP）数据

全能团队：用最少的人做最多的事 / 喻雄辉著 . --

北京：台海出版社，2019.7

ISBN 978-7-5168-2396-5

Ⅰ.①全… Ⅱ.①喻… Ⅲ.①企业管理－团队管理

Ⅳ.① F272.9

中国版本图书馆 CIP 数据核字 (2019) 第 142022 号

全能团队：用最少的人做最多的事

QUANNENG TUANDUI YONG ZUISHAO DE REN ZUO ZUIDUO DE SHI

著　　者：喻雄辉			
责任编辑：徐　玥		装帧设计：邢海燕	
责任校对：樊新乐		责任印制：蔡　旭	

出版发行：台海出版社

地　　址：北京市东城区景山东街 20 号，邮政编码：100009

电　　话：010 — 64041652（发行，邮购）

传　　真：010 — 84045799（总编室）

网　　址：www.taimeng.org.cn/thcbs/default.htm

E－ｍａｉｌ：thcbs@126.com

经　　销：全国各地新华书店

印　　刷：河北盛世彩捷印刷有限公司

本书如有破损、缺页、装订错误，请与本社联系调换

开　　本：880mm×1230mm		1/32	
字　　数：145 千字		印　　张：7.5	
版　　次：2019 年 7 月第 1 版		印　　次：2019 年 7 月第 1 次印刷	
书　　号：ISBN 978-7-5168-2396-5			
定　　价：42.00 元			

目　录

Part 6　全能团队模式是未来企业发展趋势

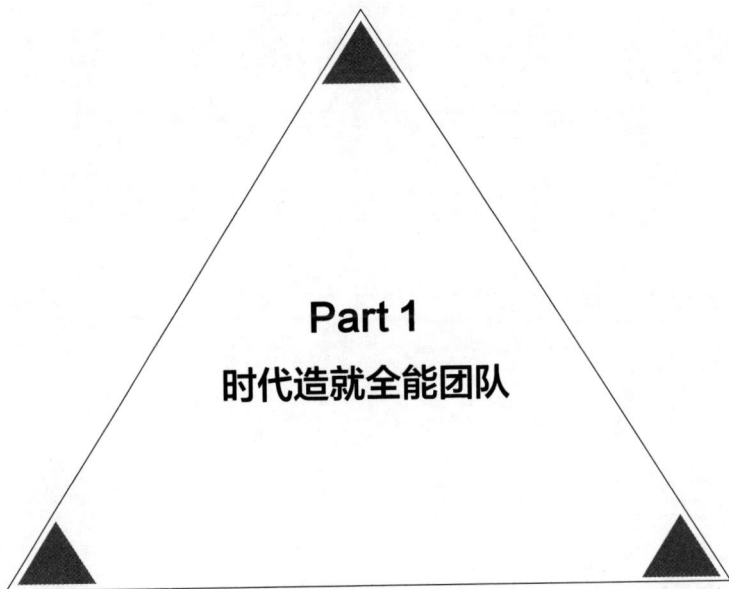

Part 1

时代造就全能团队

◆ 什么是全能团队

　　关于全能团队的定义，众说纷纭。有人认为全能团队就是一个充当"万金油"的队伍，哪里需要就出现在哪里，面对问题，应该如何解决就如何解决；有人认为全能团队是一个公司里的"急先锋"，引导着公司发展的方向，为公司提出战略目标，并为公司的发展道路充当开荒牛的角色；有人认为全能团队是一个公司的精英，用最锐利的刀去解决一切难题，所谓"兵来将挡，水来土掩"；也有的人认为全能团队是公司的"圆梦机"，不仅能够保质保量地完成任务，还能把公司的战略规划转化成效益和成果，也就是把梦想转化成现实的能力。

　　由此可见，关于全能团队的论述五花八门。虽然每一种论述都有其一定的道理，但是都过于片面，并没有触及全能团队的核心。所谓全能团队，就是要用最少的人去做最多的事。

　　资深媒体人罗振宇认为，人类正在从工业化时代进入互联网时代。新的时代将彻底改变人类协作的方式，使组织逐渐瓦解、消融，而个体生命的自由价值得到充分释放。未来将属于基于用户体验的

"手艺人"经济。在互联网时代，我们怎么才能做到让最少的人去做最多的事呢？针对这个问题，罗振宇在回答80后年轻人如何解决生存困境的时候，提出了"U盘化生存"的概念："自带信息，不装系统，随时插拔，自由协作。"即"个人不依附于任何组织，基于兴趣，打磨专能，与其他人进行时时协作，在市场中找到个人定价"。

我们可以将其中的"个人"转换成"团队"，将团队比喻成一个能够"自带信息，不装系统，随时插拔，自由协作"的U盘。在团队里体现个人的价值，而个人价值的发挥，就能起到精简的作用，这就是何为"最少的人"。人数少，不单单指的是团队里的个体成员少，更重要的是以"少"来突出个体成员的重要性和不可替代性。在全能团队里，每个成员都是精英，都是人才，在这个U盘型高效全能团队里起着不可替代的作用。而团队的领导者则需要具有伯乐的眼光，挖掘出适合团队的人才。而在挖掘人才的过程中，除了要做到宁缺毋滥，还要做到先于人前，果断地抢占人才。抢到人才后，还要能够以合理的待遇和强大的亲和力留住人才。因为一个稳固安定的团队，才能为"做最多的事"打下牢固的前提条件。

接下来我们再看什么是"做最多的事"，一个U盘型团队，除了团队成员个个身怀绝技之外，还要有统一的行动力，只有统一行动，才能为公司和客户做最多的事。比如，一个大公司需要争取一份非常重要的合同，交给全能团队去拿下。于是，全能团队从接到任务开始，就如一个U盘插入公司这台电脑里，立即有条不紊地安排好工作：团队经理负责布控全局，洽谈争取合同的相关事宜；联络人员负责接洽联系客户，并时刻关注事情的发展；后勤人员做好沟通和后勤保障工作，做到上情下达和下情上报；策划人员负责研究客户单位的情况，并针对客户的特点做出可行性的计划；文案根据客户和团队领导的意见撰写合作意向书；美工负责将相关文件进行排版设计；财务计算出项目的费用和预算。一切安排就绪后，全能团队的工作就可以非常顺利地按照计划进行下去。经过全能团队的一番努力，一个小小的团体，运用其高效的执行力和出色的团体精神，使公司争取到了这份重要的合同。

由此，我们可以看到全能团队拥有高效的执行力、敏锐的观察力、过硬的实力及合理的分工合作能力。与普通团队相比，全能团队更加富有生命力。而这些因素，也构成了全能团队低成本、多功能、高效率、灵活性强四大特点。

（一）低成本

所谓低成本，千万不要错误地判断为对团队一味地少投入、不投入，或是不给予应有的重视。相反，低成本并不意味着不重视全能团队，而是合理地利用公司资源，尽量打造出一支物超所值的团队。

打造低成本的全能团队，就要求这个团队做到小而精。所谓小，就是团队人数少；所谓精，就是团队里个个都是精英。团队内人数虽少，但成员中个个都身怀绝技，在团队里不可或缺，就如许多国家的特种部队一样，单兵作战能力极强，能够以少量的人数，做到百万军中取上将首级的战果。

低成本，并不是指单纯的一分钱一分货，还要有合理的精简手段。只要利用得当，掌握的尺度到位，一分钱的投入也能创造出大于一分钱的价值。例如，"二战"中苏联士兵大量装备的波波沙冲锋枪，它是武器制造专家结合许多武器在实战中取得的数据和经验加以改进的新型武器。与其他冲锋枪相比，枪支零件更少、结构更简单、造价更低廉，但在战场上所发挥的威力却有增无减，而且使用起来更方便、更安全。波波沙冲锋枪一投入使用，在苏军中迅速建立了良好的口碑，甚至受到了敌国军人的青睐，以至于战后数十年，波波沙冲锋枪仍旧不断地生产出来，并投入到世界各地。

我们可以将全能团队比喻为一把波波沙冲锋枪。"零件"相比其他传统单位的要少，架构也更简单，所以相比之下，所要消耗的费用也会更少。但这并不影响全能团队所发挥的作用，低成本是因为合理地利用了对的人、对的资源，从而转化和创造出更大的价值。全能团队虽然只有区区几个人，但是却能凭着过硬的单兵作战能力、合理的计划和明确的分工拿下一些许多大企业花费了大量人力物力也没有夺得的大单。而他们的总付出，只有区区数万元，除了员工应得的工资和奖励之外，还包括了请专业人士进行指导的费用、相关资料的制作费用、器材购买费用、应酬的费用。这样一笔账算下来，全能团队真不是单纯只用一句物超所值所能形容的了。

总的来讲，全能团队的低成本就是投入少、做得好。投入最少的时间、精力、金钱，创造出最好的成绩来。

（二）多功能

全能团队何以全能？正如罗振宇所说的"不依附于任何组织，基于兴趣，打磨专能"，全能团队中的每一位成员都是相关领域的佼佼者，甚至有的人可以胜任多种工作。比如，许多全能团队内部都有这样的一个建设架构：团队领导负责布控，行政负责安排工作，策划人负责策划，文案负责撰写文件，美工负责设计，业务员负责业务，财务负责财政。从中可以看到，这个U盘型的小团队，可谓是"麻雀虽小，五脏俱全"，包含了各种岗位的精英人才，因此说，全能团队具有多功能的特点。

但是，我们不能片面地认为，"多功能"就意味着团队里的成员个个都是全能型的人物。"多功能"应该是指全能团队中的每一位成员都能在最合适的位置上恪守自己的职责。如果一味地追求所谓的"全能型"人物，即使找到类似的，也可能属于那种"周身都是刀，但没一把锋利"的类型。毕竟一个人的精力是有限的，就算是跨界牛人，也有主业和副业之分，这就是术业有专攻的道理。例如，一位足球场上的球员一般司职前锋，但也是候补守门员，那么他的第一位置就必须是前锋，只有在特殊情况下才能客串守门员。所以，用团队里每个成员的特定专业技能，来达到团队的多功能，才是全能团队的真正特点。

一个运作良好的全能团队人数非常少，一般只有几个或者十几个人，很难做到面面俱到。在接洽一些工作项目时，难免会出现跨行业的情况。例如，文案人员在撰写了合作意向书之后，如果是对外的客户，而且客户的语言比较小众，可能还要找专业人士翻译成相关外语；而美工负责将文件设计成精美的图册之后，还需要请其他公司的动漫师制作出相关视频。

我们可以从中看到，全能团队如果要做好一件事，可能还会缺少一些与办这件事相关的、平时却不常用的一些技术知识点，但因为懂得变通，团队还是能够请外力来完成。这并不影响全能团队多功能的特性，毕竟这只是工作中的个例，如果为了某些不时之需，特意去招聘一些相关的专业人才，不仅会造成团队的资源浪费，更会因分工失调而不利于团队的发展。所以，全能团队的"全能"还在于懂得灵活处理和调整工作，而不是一味地墨守成规。

全能团队并不以人数看优劣，而是看团队里的每一个成员是否能发挥出个人所长，与其他成员环环相扣，紧密合作。整个团队只有像一部性能良好的机器一样，每个零部件都健康地运转，才能生产出优质产品。

（三）高效率

凡是全能团队，都信奉"效率为王"，高效率的运作维持着全能团队的生存环境，也是一把为团队开拓生存空间的利器。何为高效率，就是投入最少的人力、物力、财力、时间，创造出最大化的利益。全能团队之所以能高效率地运作，是因为全能团队具备以下几点优势：

（1）目标明确

全能团队的工作目标非常明确，那就是尽最大可能为公司创造效益。只有在这个工作目标的引领下，全能团队才能集中精力朝着完成目标的道路前进。比如，公司的全能团队在为客户服务时，客户需要什么，就要以什么为目标。在执行目标任务时，不管是行政还是文案策划，虽然团队中每个人的工作性质都不一样，但大家都有快速高效完成工作任务的决心。

（2）沟通顺畅

无论是大型公司还是小团队，只要是一个集体，沟通就是非常重要的。通过无障碍的沟通，才能将工作做好。这一点在人数较少的全能团队里更能发挥出优势。每个人的分工，往往都能一目了然。尽管如此，作为高效的全能团队的成员，每个人还要对团队其他成员的分工做到心中有数，才能做到互相配合，避免互相扯皮和做无用功。

（3）协同互助

在全能团队里，虽然每个人的工种都不尽相同，但是每个人都是本岗位上的精英，能够做到与其他成员协同合作，就像机器的齿轮那样，紧密相连。而互助的意思，就是团队中的成员能够互相帮助。协同互助还能够避免不必要的物资浪费和减少资源损耗。

（4）胜任工作

在小型的全能团队中，虽然工作中的某些环节只有一两个人来完成，但是因为团队成员都是精英人才，团队在机体上没有任何毛病和缺陷，所以无论多困难的工作，都能够顺利完成。这就如同一个人的身体器官，肺部用来呼吸、心脏用来供血、胃部用来消化一样，每个人都在自己的岗位上起到无可替代的作用。

（5）反应迅速

在日常工作中，往往会遇到一些变数或者不可抗的因素。当工作中产生了突变，全能团队能够迅速反应过来，针对环境的变化做出相应的措施进行调整。例如，有一家船务公司的一艘货船遇到海险，导致货柜入水，造成货物损坏。于是，公司负责人让全能团队跟进，全能团队接到任务后，立即通知海关及保险公司，并知会供货商以及国内买家，迅速地制定危机处理办法，与各有关部门进行磋商，寻求解决危机的方案。

（四）灵活性强

跟一些大型公司相比，全能团队的灵活性是一个非常突出的优势，不存在一些所谓的老大难问题。正因为其灵活轻便，所以遇到弯路容易改正和调头，也正是因为其灵活性强，才支撑起全能团队的另一个特点——高效率。

在20世纪七八十年代，苏联入侵阿富汗时期，曾经发生过一起荒唐的事件。一支二百多人的苏军被阿富汗游击队围困，连队中的指挥官急忙向上级请示撤退。但是这位上级军官不敢擅自做主，又向更上一级请示，如此经过层层批示，足足四个小时后，批示下来了——允许撤退。但这时，这支苏军已经被敌军全部消灭。事后很多人认为，如果这支军队懂得变通，便宜行事，或许就会避免被歼灭的命运。

这个故事看似荒诞，而且关乎军纪问题，但这种现象在现今的许多企业还大量存在着，情报的传递速度在战场上关乎着千千万万条生命，而在商场上信息的传递也急如星火。这时，团队的灵活性就关乎这个集体的生死了，如果不懂得灵活变通，一味地墨守成规，只会带来不必要的损失。

全能型团队的灵活性首先在于它的"小"，因为全能团队人数非常少，每个人的分工清晰明确。只要团队主管下达的指令正确可行，就不会在团队里出现扯皮和抵制的现象。

此外，灵活性还包括活学活用，团队成员在工作的时候，时常会接触到新领域、新事物，这时是否能够灵活变通地去对新的东西加以运用就非常关键了。例如，一些政策的变动，如海关关税的改变，进出口公司的全能团队要在得知消息后，迅速制定出新的调整办法，以保证在合法的范围之内，让公司的税费支出达到最低，实现利益的最大化。

灵活性还与创新牢牢结合在一起，灵活地掌握事态的发展，并不是简简单单就能做到的，而是要对新的信息进行准确的判断，开创出新的方法，用自身的进步来推动工作的进展。

综上所述，正是因为全能团队具备低成本、多功能、高效率、灵活性强这四个特点，才能在互联网时代做到用最少的人去做最多、最好的事。

◤ 案例诠释：

李彦宏在创建百度公司之前，曾经以优异的成绩，在美国纽约州立大学布法罗分校完成计算机科学硕士学位，随后又先后担任道·琼斯公司的高级顾问、《华尔街日报》网络版实时金融信息系统的设计者、国际知名互联网企业——Infoseek公司的资深工程师。虽然前途无量，但是当李彦宏目睹美国网络科技的飞速发展，尤其是搜索引擎公司的大量涌现后，他认为自己的祖国也需要拥有自己的搜索引擎公司。

1999年，李彦宏携带着120万美元的资金回国创业。他找到了好朋友徐勇，并将自己想开创中国的搜索引擎公司的想法告诉了他，两人一拍即合。随后，他俩又找到了刘建国、郭眈、雷鸣、王啸、崔珊珊等年轻人，组成了一个七人的创业团队，并戏称为“七剑客"。

在人才齐备的情况下，百度公司于2000年正式建立了。对于这个"七剑客"的小团队，李彦宏以非常开明的方式进行管理，在"做最好的搜索引擎"的目标下，根据成员中每个人不同的性格、不同的能力，安排他们在各个合适的岗位上，随后就放手让大家去完成各自的工作，并配合各个成员解决技术上的问题，为此还因为攻关而调整时间，往往在凌晨两三点钟开会研究问题。

经过四个多月的努力，"七剑客"终于开发出了"百度V.1.0"。随后又经过十多年的发展，百度发展成为全球第二大独立搜索引擎和最大的中文搜索引擎，使中国成为全球仅有的五个拥有搜索引擎核心技术的国家之一。

百度的成功，得益于李彦宏在最初组成的"七剑客"团队中，能够让各有所长的成员发挥个人优势，为团队贡献自己的能力，并善于利用极强的沟通技巧去影响、发展、推动、改变、激励他人，营造良好的工作氛围。对此，他总结说："我希望聪明人能永远无拘无束地工作和思考。"

◆ 全能团队是创业公司的标配

俗话说："万事开头难。"创业也是如此，尤其是小公司创业。就像李彦宏创建百度公司、马云创办阿里巴巴公司那样，虽然有了资金、成熟的想法和明确的目的，但一切还是要从零开始。

小公司创业，首先需要考虑的就是如何在激烈的市场竞争中立足，接下来才能去考虑发展的问题，就如一个初生婴儿，必须在世间存活下来，才能够继续成长。如果说资金、创业类型是小公司创建的首要条件，那么人员配备就是公司发展的主要动力。但一般的小公司在创业初期，都面临着一个特点——"小"。因此，小公司不能像一些实力雄厚的大公司那样，拥有比较雄厚的资金进行发展，而是要抓紧自己赖以生存的钱袋子，一步步如履薄冰地去考虑往哪儿走，怎样走。所以，小公司从一开始就需要对公司发展的主要动力——公司成员进行非常谨慎的招募。在小公司草创时期，由于成员较少，公司的创始人和员工之间往往比较亲密，这就为一个全能团队的组成提供了天然的契机和必要的条件。

全能团队对小公司的发展也起着不可或缺的作用。小公司的创始人都明白，一个初创的群体在做第一件事之前是何其的脆弱，是经不起折腾的。这就需要一个英明的决策团体，去引导公司的发展走向，而这个决策团体，就是全能团队。

之所以说全能团队是创业公司的标配，主要是因为全能团队能够充分利用其低成本、多功能、高效率、灵活性强的特点，为小公司在激烈残酷的市场上闯出一番名堂。

（一）全能团队能为创业公司撑起事业发展的一片天

一家刚刚创立的小公司，无论准备从事什么行业，其本身就像一张白纸，而在纸上画出的第一笔是最关键的，影响着日后发展的道路。如何在纸上画出第一笔呢？这就有赖于全能团队做出的规划。

三国时的诸葛亮能够未出茅庐而知三分天下，作为小公司的决策和执行团队，也有必要具备这种对未来事情的掌控水平，去帮助小公司从零做起。如果小公司是从事进出口贸易的，全能团队就要熟悉海关、供货商、运输工具等情况，为公司的货物进行报关、运输、签订合同等；如果小公司是产品加工厂，全能团队就要知悉产品生产流程、进货源、供货源、物流、市场销售情况等，及时对生产工作进行布控。

全能团队是创业公司的精英团队，掌握着公司的生死存亡。稍有不慎，公司可能会就此夭折。而如果全能团队发挥得好，就能带领小公司做强做大，在事业上闯出一片天地来。

（二）全能团队在事业上与公司的领导志同道合

一家初创公司，人员往往不多，创建之初，大家能够走在一起，大多是志同道合者。就像比尔·盖茨读大学时，和同学鲍尔默共同创建微软公司那样，刚刚诞生的微软公司，办公环境和设备都极其简陋，但凭着两人的创业激情，渐渐地让微软壮大，以至于最后一跃成为世界上非常成功的网络公司。如果说刚刚创立的微软是一家小公司，那么比尔·盖茨和鲍尔默就是这间小公司里头的全能团队成员，而激发他们创业激情的，恰恰是对计算机专业的热爱。正是凭着这一份热爱，比尔·盖茨和鲍尔默才能为公司的创办打下坚实的基础，最终做出一番改变世界科技历史进程的大事业来。

（三）全能团队能准确地执行公司发展计划

一间公司的成立，都有其明确的发展计划，例如IT公司，就是为信息技术行业服务的；国际贸易公司，就是为商品的进出口贸易服务的。小公司刚刚建立之时，目标清晰明确，所以其组建的全能团队，也是为公司的发展量身打造的，团队里每个成员都能通过工作的分配和布置，清楚自己应该干些什么、怎样去干。虽然在工作的执行和安排中可能会出现一些争论，但大家的目标却是很明确的，这就为公司的发展创造了最基本的条件。除此之外，小公司在初创时期，囿于自身的现状，制定的往往都是一些应付自己生存的小目标。全能团队能够在实现这些小目标的过程中不断地摸索经验，弥补自身的不足，一步一个脚印地带领公司做大做强。

（四）全能团队能为小公司节省开支

许多公司在刚刚建立时，都面临着巨大的财政压力，尤其是一些通过融资、贷款、众筹建立的小公司，在生意走上正轨之前，财政都是非常紧张的。公司在财政支出方面，除了必不可少的经济往来，还有内部建设，包括人员的招聘、办公场所的租赁等。如果一间小公司从一开始就出现机构臃肿、人员冗杂的情况，那么其发展必会困难重重。在这种情况下，打造一支高效的全能团队，对初创公司来说就是非常必要的了。

全能团队往往由几个人或十几个人组成，这些人都是行业精英，有着丰富的工作经验，能够互相协作，发挥出"1+1>2"的实力来。全能团队由于人员少、协作能力强、效率高，能用最低的成本为公司创造最大的效益。因此，在公司初创时期，打造一支高效的全能团队，不仅能为公司的发展制订计划，还能够让公司保持良好的财政状况，避免出现入不敷出的情况，进而为公司的下一步发展奠定基础。

（五）全能团队能够为小公司的发展积累经验

任何一家创业公司都不可能是一帆风顺地发展，遇到困难和危机也在情理之中。但是，在遇到困难和危机时，能否及时正确地处理并吸取教训，避免再次出现类似的情况，对初创公司来说非常重要。因此，创建者在自己的公司内部创建全能团队，具有非常重要的战略意义：一方面，全能团队能够在创建者或者创建者委任的领导带领下，及时正确地处理公司的危机和困难；另一方面，在全能团队执行工作任务的过程中，也可以积累相关的工作经验，为今后再次遇到此类的问题提供借鉴，这也是小公司依靠全能团队做强做大的一个重要的原因。在今后小公司的发展过程中，人员和经验都是其宝贵的财富。

（六）全能团队能准确地把握公司目标任务的本质，做最符合公司利益的工作

对一家公司来讲，其最基本也最直接的目标就是发展，至于利用什么方法、什么手段和什么策略去发展，则是由公司自身的条件以及外部的形势决定的。但不可否认，无论是用什么方式，最终目的还是公司的发展。可是，在错综复杂的环境下，公司的战略往往容易和实际情况出现偏差，有时按照公司的既定任务目标手段去执行，可能会出现损害公司利益的情况。

而全能团队灵活性强，能够及时地掌握行业的动向，可以根据市场形势的变化及时调整公司策略，分析公司当前目标任务的可操作性，做出最符合公司利益的行动。

（七）全能团队能够掌握市场最新信息，并及时纠正错误的工作目标

在小公司创立之初，有一些公司领导人往往怀有非常远大的理想，甚至幻想一口吃成胖子，所以可能会在工作的安排上出现盲目自大、盲目乐观的情况，制定出不符合实际的工作目标。而作为公司发展中坚的全能团队，可以在公司领导对市场动态出现认识偏差的时候，及时地指正。例如，在2018年上半年，由于国内网络游戏的影响，中国许多地方曾经出现了一阵"皮皮虾热"，使许多餐厅出现这种俗称皮皮虾的水产食品热销的情况，也带动许多水产品公司引进销售皮皮虾。有一家刚刚成立的水产品小公司的领导看准了时机，也想加入贩运皮皮虾的大军，为公司的发展打响头炮。公司的全能团队对此表示疑虑，于是派出一位资深的市场调查员，在公司做出实际行动前，进行了一番市场调查。他不仅对"皮皮虾热"这一网络话题保持关注，并对详细情况进行了分析，还对当前市场上销售皮皮虾的公司参与情况进行了详细调研。经过仔细的市场调查发现，所谓的"皮皮虾热"只是网络社交群里一个瞬间即逝的热点，甚至只是一个搞怪的噱头，并没有出现可持续发展的势头，而且这时"皮皮虾热"已经呈现大幅降温的状况。但此时跟风参与销售皮皮虾的公司却还在不断增加，一旦"皮皮虾热"消失，那么这些跟风参与的公司必会出现重大损失。因此，全能团队及时说服了公司领导，放弃了引进销售皮皮虾的计划。果然，事后不久，随着"皮

皮虾热"降到了冰点，那些投资皮皮虾的商家们的热情也降到了冰点，纷纷出现大幅亏本，甚至破产倒闭的情况。而这家小公司由于全能团队及时纠正失误，避免了损失。

综上所述，可以得知创建一家公司是困难的，而在公司里组建一个能够独当一面的全能团队同样困难，一个高效率的小团队不仅需要领导者的慧眼识英才，还需要能干的团队成员，只有做到互相信任，激发员工的认同感，同舟共济，合理利用资源，才能让公司发展壮大。

▼ 案例诠释：

在德国南部的巴伐利亚州新成立了一家小贸易公司，专门从各个食品工厂进货，转而为各个中小型零售商店提供食品货源。老板阿道夫十分信任一个叫汉斯的年轻人，并由他组建了一个全能团队。在这个团队里，有专门负责进货的成员、有专门负责市场调查的成员、有专门负责销售的成员，而汉斯除了担任团队经理之外，还负责制定销售策略。

老板专门负责进货及供货等方面的工作。阿道夫本人曾经在香肠制造厂工作，所以对香肠类的产品情有独钟，而且他也有稳定的货源，所以在他的进货和供货链的清单上，香肠制品占据了大多数。

在公司成立的第一年，阿道夫给汉斯下达了年度的销售额，销售的货物自然以香肠类产品居多。但汉斯的团队在销售市场发现，在最近爆发了几次口蹄疫后，民众对猪肉制品产生了一些畏惧，导致同是猪肉制品的香肠类商品滞销。如果此时进行香肠类产品的销售，必然给公司造成重大损失。但是，如果不销售香肠类制品，年度销售目标又如何完成呢？

汉斯的团队此时充分发挥了灵活性的特点，更改计划，准备采购并销售其他种类的商品。这时，汉斯的团队留意到一年一度的慕尼黑啤酒节即将到来，在啤酒节到来前采购一批啤酒进行销售必定能够完成公司的年度销售目标。

于是他们就向老板阿道夫建议改为销售酒类产品。刚开始，阿道夫对这一意见存有疑虑，甚至有抵触的心理，但最后仍旧决定让汉斯去试一试。结果，汉斯果然按时达到了公司的目标销售额，还因此避免了公司因为口蹄疫出现不必要的损失，使公司第一年度的发展目标得以顺利完成。

◆ 大公司需要全能团队协作

上一节我们提到创业公司需要全能团队带动发展，那么大公司需不需要全能团队为其工作呢？

答案当然是肯定的。

大公司不仅需要全能团队为其工作，而且需要一支乃至多支全能团队的通力协作，从而提高大公司各个部门的工作效率。

那么，全能团队究竟能在大公司里担当怎样的角色呢？

（一）全能团队是大公司的"精锐部队"

如果把一家大公司比喻成一支南征北战的大军，那么在这支"军队"里有专门刺探敌军的前哨，有进攻敌军的前锋，有保卫军营的守军，有研究敌情的参谋部，有运送粮草的工兵，而全能团队则是这支军队中的最精锐的部分。全能团队能够承担一些普通团队无法承担的任务。举个例子，某建筑设计公司接到了一个大单，为城市设计一座地标性建筑。这对于平时只是承接普通居民楼、别墅和商业楼设计的建筑设计公司来说，这项任务非常艰巨，因为普通居民楼、别墅、商业楼对设计水平要求并不太高，中等水平的设计师完全能够胜任。但是设计地标性建筑就需要公司的全能团队挺身而出了。全能团队中的公关人员积极向市政府相关人员询问设计要求，并且由地质勘察人员到相应地点进行地质勘察，设计师根据设计要求和地质条件，制定出多种设计方案。最终，这家建筑设计公司顺利完成了这项任务，其行业知名度也得到了进一步提升。

（二）全能团队是大公司最好的改革者

一家大公司，尤其是历史悠久的"老字号"，都会在其发展中或者在较长的岁月中，经历无数的风风雨雨。企业所经历的变革，无论是被动还是主动，都要遵循市场规律、经济规律、国家宏观调控政策。所以说，规模较大的公司要继续做强做大，不断地去改革是大势所趋的。但是，公司内部的许多既得利益者并不能自行地随着变革而去改变，因为这触及了他们的自身利益，有时这种感受是切肤之痛。在这种情况下，就算是公司的高层领导出面，有时也不能有效地通过命令去强硬改变。所以，为了减少公司在改革中的阻力，公司就要依靠全能团队利用自己的专业知识，为改革提出最切实的建议，并从中调和矛盾，从而较为实际地去执行。例如，有一家为公安机关办案提供网络支持的公司。随着科技的不断进步，网络技术的更新换代也很频繁，工作人员往往要面对新的技术和转变，有些人难免会因专业知识水平有限而产生抵触心理。这时，公司就可以让全能团队先行攻克技术上的难关，淘汰掉落后的设备，引进先进的设备，再通过学习和钻研掌握操作技术，然后再让全能团队安排公司不同岗位的员工进行学习进修，使公司在技术革新中始终保持优势，一直为公安机关提供先进和优质的服务。

（三）全能团队是工作前沿的专家

在公司里，全能团队的成员往往接受过比一般员工更严格的专业训练，对自己的工作以及公司的内部情况有更深入的了解。一旦公司出现了问题，他们能及时知道问题的症结在哪里，如何去解决；与客户洽谈项目时，全能团队知道客户需要什么、如何提供服务、如何避免犯错；在项目启动后，全能团队能够计算出如何降低成本、如何规避不必要的麻烦；在产品生产过程中，全能团队能够制定生产流程，确保原材料和成品的质量……全能团队能够发挥出自己的专业优势，及时了解前沿工作的情况，所以全能团队的职责往往是连公司的最高领导层也无法替代的。

许多大公司根据各个工作领域的不同，同时成立几个或者更多的全能团队进行协作。例如，一家飞机制造公司在设计、制造飞机时就需要多个全能团队的配合，飞机的外形需要由空气动力学专家、材料学专家组成的团队进行设计，飞机的发动机需要机械工程专家、物理专家组成的团队进行制造，飞机的内部还需要安全保障专家团进行安保测试，飞机生产出来之后需要有专业的飞行团队来进行试飞测试。

（四）全能团队是公司各部门沟通的桥梁

《韦氏词典》把"团队"这个名词定义为：为了开展工作或为了达到一个共同的目标而互相联系的一群人。而全能团队作为一支小而精的团队，在沟通上的作用不容小视。全能团队的成员往往都分担着不同岗位的职责，他们对公司的每个部门都比较了解。因此，无论全能团队是进行部门内部协作还是进行跨部门协作都能做到得心应手，知道应该和部门的什么人进行商讨、研究，从而熟知各部门的工作流程和存在的问题，并找出解决问题的办法。例如，一家玩具公司要参加一个大型的玩具展览会。为了吸引客户，公司需要用积木拼出一个巨大的玩具造型，摆放在展览会的展位里。为了完成这个任务，设计部需要计算出所需积木的样式和数量，交由生产部进行生产，但是生产部又必须从采购部那里获取生产原料，而采购部又要向财务部申请资金，而财务部又要向总经理请示、审批……层层的手续流程，势必会浪费不少时间和精力。这时，如果有全能团队从中协调，将制造玩具造型的成本、时间、效果及时与各个部门的负责人进行讨论，并向公司领导进行汇报，这样就能避免冗长的审批、无谓的等待、事不关己的推诿等问题，使各个部门通力合作，共同将玩具造型制作出来。

综合以上所说的四条，可见大公司离不开全能团队的协作。而全能团队要在大公司之中发挥其重要的作用，就必须做到以下几点：

（一）确定团队在公司里的位置

一家大公司，往往部门繁杂、人员众多，而全能团队想要在公司里占据一席之地，首先就要确定自身在公司里的位置。例如以销售为主的团队，必须要与公司的销售部紧密合作；以生产为主的团队，就要在公司所属或者委托的工厂里密切关注各流水线、车间的生产情况。如此，才能找到适合自己团队生存和发展的平台。

（二）分配好团队成员的岗位

一旦确立了团队在公司的地位，接下来就要通过招聘，择优录取，确定适合团队的成员。在选择团队成员时，一定要做到宁缺毋滥，否则，团队成员不仅无法给公司的其他员工起到模范带头作用，还会给公司带来不好的影响。除此之外，全能团队还要根据成员的能力，分配好每个成员的岗位，以便成员们能清楚自己的工作任务和职责，并对自己的工作情况和劳动成果负责。只有明确了岗位职责，做到人尽其才，才能将全能团队每一个成员的能力尽可能地发挥出来，为公司带来更好的效益。

（三）发挥团队成员的才干

全能团队的一个显著特点就是小而精，而这个特点又与大公司的"大"形成了鲜明的对比。所以团队的领导者在选好成员后，就必须根据每个成员自身的性格特点和优点，让其最大限度地发挥自己的才能，做出应有的成绩，配合团队的每一个成员为公司创造出效益。而每个成员也必须了解自己的长处，并能够帮助其他成员提高工作能力。如此，才能让全能团队在公司的领导和其他部门员工的眼中树立起自己"全能"的形象。

（四）建立与公司各部门交流的渠道

一家公司就是一个整体，虽然各个部门工作任务不一样，但各部门之间都是紧密相连的。全能团队必须与各个部门建立起良好的交流环境，才能使自己的工作及对方的工作得以顺利地展开。而在交流当中，还能培养团队与其他部门或员工的信任感，增强士气，互相给予有建设性的意见，减少冲突和错误，使日常工作能够完善高效地执行下去。

（五）完成公司交代的重要工作，引导公司发展

全能团队是大公司的"精锐部队"，大公司之所以需要全能团队，就是因为全能团队能够为公司带来良好的改变和效益。全能团队的第一要务就是如何去工作，如何完成它。有效率的团队，往往

能在苛刻的工作条件、复杂的工作情况、紧凑的工作时间内，以优于其他部门的能力去克服各种障碍和困难，完成公司交给的任务。

此外，团队中的每一个成员必须明白，正因为全能团队是公司的"尖刀团队"，所以团队的一举一动，都会影响到公司的发展状况。全能团队需要发挥公司"标兵"作用，遇到困难要迎难而上，冲杀在前，为其他员工树立榜样，引导公司健康向上的工作氛围。

大公司之所以需要全能团队进行协作，不仅仅是因为全能团队能够完成许多关键的工作任务，更重要的是，全能团队能够在公司的改革、沟通方面发挥重要作用。正因为有一个或者多个全能团队的支持，大公司才能不断做大做强。

▶ **案例诠释：**

万宝路是个著名的香烟品牌，诞生于20世纪初的英国，并在美国注册。如今，万宝路已经是全球畅销的烟草品牌之一。在烟草广告还没禁止之前，万宝路的广告里威风凛凛的牛仔形象，以及那一句"万宝路的世界"的口号可谓深入人心。可是许多中国人不知道的是，如此"阳刚"的一个香烟品牌，在诞生之初，却是主打女士香烟的。

"万宝路"其名其实就是英文那句"男人只会因为浪漫而记住爱情"的缩写，在发展之初，万宝路可谓是在向女性吸烟者身上下足了血本。例如请来了许多当年的大牌明星为其做广告；在电影方兴未艾之时，宣传广告随着电影海报贴得满大街都是；因为要照顾涂了口红的女士，万宝路又把香烟触及嘴唇的地方涂上了红色；当香烟过滤嘴问世之后，万宝路又急急忙忙地给自己的品牌安装上过滤嘴，生怕落在其他香烟品牌之后……可是在付出了如此多的心血和金钱之后，万宝路仍旧收效甚微，销售业绩一直在低处徘徊，加之时而爆发的经济危机，万宝路多次濒临破产。

究竟哪里出现了问题呢？万宝路的高层陷入了沉思，却仍不得要领。于是，在万般无奈之下，万宝路抽调公司精英人才，组织了一支全能团队进行市场调查，其中有市场调研专家、行业分析专家、香烟品鉴专家等。市场调研专家组织协调公司市场部进行广泛的市场调研，寻找当前香烟主要购买人群和趋势；行业分析专家对当前市场上的香烟品牌一一进行分析；香烟品鉴专家针对现在公司生产的香烟进行检查，查看是否存在问题……很快，调查团队就发现，女性吸烟者的人数原本就远远低于男性，由于经济危机，广大下层妇女三餐尚且不顾，更别谈购买香烟了。而在上流社会，女性吸烟又被视为不雅的行为，故而许多富人家的千金、太太们都对烟草不感兴趣。可是与此同时，调查团队又发现，随着工业的发展以及不断的战争，工人和军人们那矫健、粗犷的形象，逐渐成了男性美的主流。而在工作和战争的闲暇时，这些人都会叼起香烟解乏，这可是香烟的巨大市场啊！

于是，调查团回到万宝路总部，在汇报了调查结果，并提出了改革方案之后，对领导层建议道："丢掉那粉红香烟吧，改用男性的阳刚之气把万宝路包装起来！"

　　说干就干，万宝路领导层听从了建议，在女性市场屡屡碰壁之后，毅然将万宝路转型为男士香烟。效果立竿见影，万宝路一举扭转了颓势，扭亏为盈，并经久不衰，逐渐发展成如今闻名世界的香烟品牌。

◆ 全能团队可满足各行业需求

　　随着社会经济的发展，新兴行业如雨后春笋般涌现，而许多老行业也衍生细分出了许多新行业。这些行业涵盖了通信、工程、商业、销售、教育、环保、金融、医疗、旅游、娱乐、体育、运输、文化等诸多领域，不仅工作种类不一样，其服务大众的方式、效果、目的、利益也不尽相同。

　　伴随着行业种类的增多，市场需求越来越多样化，对每个行业的要求也越来越高。各行各业想要赢得市场，就必须提供更好的产品和服务。而想要提升产品和服务的质量，离不开全能团队的作用。

　　为什么全能团队能应对各行各业的需求呢？总体来说，全能团队有以下几点优势：

（一）全能团队拥有丰富的专业知识

　　各行各业都有其行业的特色，如果不熟悉这个行业，就不可能在行业中经营下去。不仅如此，就连许多在自己本行业中打拼多年的人，也可能因为对自己的行业了解得不够全面而犯下错误。此外，还有一些人因为长年累月地在本行业的工作中形成了一种机械性的习惯，对出现的一些问题习以为常，或者下意识地回避，甚至认为"存在即合理"，以至于问题一直得不到妥善的解决。这时，就需要全能团队发挥其作用了。

　　全能团队之所以能够高效地处理本行业复杂问题，是因为全能团队的成员都是行业精英人才，掌握了较为丰富的本行业专业知识。例如在金融行业，要熟知金融市场上的行情，就必须懂得如何去投资融资，规避风险；在环保行业，就得知道如何去保护环境，降低污染；在销售行业，就得懂得市场调研、销售技巧……对全能团队来讲，掌握这些行业知识只是基础。因此，无论是何种行业，全能团队都能满足其需求。

（二）全能团队能从全局的角度去了解行业的状况

　　不得不承认，在现今各行各业的竞争和发展中，许多业界人士往往只注重眼前的利益，而忽视了以后发展的需要。这种缺乏大局观的企业，虽然在将来的发展中不一定会出现大的弊端，但在风云变幻的市场竞争中一旦遇到意外，就会陷入生死存亡的境地。例如，有一些企业，在遇到利好的时候，只顾着贪婪地盲目攫取、扩张，却不能总揽全局，不知道"祸兮福之所倚，福兮祸之所伏"的道理。一旦市场风向改变或者国家政策改变，许多公司来不及变革就被淘汰掉了。

　　全能团队能够凭着其丰富的行业知识、敏锐的触觉，从全局的角度去分析行业发展的问题，进而摈弃冒进主义，制订出适合企业自身最终利益的计划。这就犹如围棋上的博弈，懂得舍弃，不贪图一时的得失，而是从全局、大形势发展的角度出发，合理地安排企业的发展方向，使企业能够在行业中健康、稳定地发展。

（三）全能团队与本行业有着共同的价值观

海尔集团的领军人物张瑞敏把自己的价值观定义为："人的价值高于物的价值，共同价值高于个体价值，共同协作的价值高于独立单干的价值，社会价值高于利润的价值。"正因为有这种价值观的文化，所以海尔集团能极大地调动成员们的积极性，制造出优质的产品来。

全能团队与本行业的价值观是建立在业界共同认可的基础上的。相对于普通员工，全能团队的成员都是行业精英，更加认同本行业的价值观，能够更好地践行国家利益、消费者利益至上的行业价值观。无论是哪一种行业的全能团队，都能在公司内部起到良好的带头作用，对员工和公司的行为起到导向和规范作用，激励员工释放潜能，让员工在奉行行业价值观的过程中，实现企业的价值观，与企业共同发展。

（四）全能团队具有强烈的敬业心

敬业精神是时下许多行业非常宝贵的精神文化，也是非常难以做到和坚持下去的。一名工作人员是否敬业，最基本的标准就是看他能够为行业创造出多大的价值。而能够让从业人员敬业地工作，不仅是每个管理者所要思考的问题，也是全能团队所要面对的考验。

影响敬业心的因素有许多方面，除了薪酬、待遇，更重要的是对行业的感情、奋斗目标、使命感等。任何行业都需要敬业的管理者，而敬业的管理者在进行管理工作的其中一个职责就是建立起一支敬业的团队。全能团队的成员都是在本行业工作多年的精英人才，他们在工作中用心办事、兢兢业业，用对行业的真感情，结合过硬的行业知识，能更好地为本行业服务。例如，阿里巴巴的"十八罗汉"在公司成立之初，每个人各司其职，凭借着敬业精神，不断地用心打磨产品，开拓市场，考虑如何更好地为更多的企业提供服务。正是几十年如一日的坚持，才有了今天阿里巴巴的辉煌。

从以上几点可以看出，全能团队能够满足各行各业的需求。公司想要更好更快地发展，首先就要认清行业的态势，以自身实际的定位和状况，去为自己的未来谋求利益和发展，因而创建一支熟悉业内行情的全能团队，就是个不二的选择。

既然全能团队有行业所需要的优点，那么全能团队的这些优点能够为从事各行业的公司带来什么帮助呢？

（一）全能团队能为各行业的从业人员提供咨询和帮助

全能团队的成员都是从业界的精英中选拔出来的，在多年从事行业的工作中，使他们积聚了丰富的行业经验，能够胜任服务行业中"秘书"的角色，时时刻刻为所在的服务行业提供必要的咨询和建议，指正不足之处，指明正确的方向，并为此提供帮助。例如在旅行社，全能团队必须知悉全球各地的旅游点的最新情况，并用敏感的职业嗅觉，将这些情况汇总，整理成参考材料，及时反馈到总部，使旅行社能够做出一些旅游线路的调整。比方说，某地正在举行一场盛会或者活动，例如世博会、奥运会、世界杯足球赛等，那么届时到此地旅游观光的游客人数将会激增；某地开发了新的景点，能够吸引众多游客，那么这个景点可以列为新增的项目；某国发生了动乱，那么这个国家的旅游点是否存在安全问题，是否还有观光的价值或条件；某地发生了诸如火山喷发、地震、海啸、旱灾等自然灾害，那么这一地区附近的旅游点是否会被波及，或者是否会产生一些不良的连锁反应，例如疾病传播、环境卫生状况不佳、景区遭受破坏等影响旅游观光的问题……面对这些问题，只要全能团队能够及时掌握情报，就能通过改变、新增、删减旅游项目来创造效益，同时还能避免风险。

（二）全能团队能为各行业培训从业人员

对于初入行业的"新生"，最渴望的就是能够在行业内立足，而此时，经验就显得非常重要。但是，经验从何而来？经验是通过学习积累而来的。所以，"新生"就要通过向有经验的业界老师学习，而全能团队就是"新生"们的最佳老师。许多行业都成立了以全能团队为班底的培训部，以期让新招聘的，但缺乏行业经验的员工通过培训，学习到行业的基础知识，保证其尽快上岗。全能团队中的每一位成员，都在行业内的相关岗位上有着丰富的经验，并且能够在实际工作中给新员工以指导，让新员工快速地进入工作状态，达到公司的要求。全能团队不仅能在技术上对从业人员进行培训，还可以通过以身作则和谆谆教导，在心理素质上对从业人员进行教导。

（三）全能团队能为各行业进行查漏补缺

无论从事什么行业，公司在经营管理、产品生产、销售渠道等方面难免会出现各种问题。全能团队具有"多功能"的特点，团队中包含多种岗位，每个成员都是本岗位的顶尖人才，能够进行跨部门沟通，及时发现公司存在的问题，并提出相应的解决方案。例如，某食品加工工厂，近期经常出现不合格产品，某一项指标检测数据远超国家标准。为了查出原因，公司派出全能团队进行调查，全能团队的成员有的负责食品检测，查看是否检测出现错误；有的负责检查原材料，查看原材料是否过期、变质；有的负责对食物加工过程中的用水进行检查，查看是否用水出现问题；有的负责对加工过程进行检查，查看是否操作失误；有的负责对生产机器进行检测，查看是否机器出现问题。一系列的检测之后，全能团队发现原来产品不合格是因为新来的员工操作不熟练导致的，该车间为了不耽搁生产进度，完成年度考核，新员工没有进行专业培训就直接上岗。全能团队向公司提出建议，改进公司的考核制度，完善员工培训制度，避免此类事情再次发生。

（四）全能团队能帮助公司规避行业风险

无论从事哪种行业的企业都难免会遇到以下几种行业风险：技术风险、市场风险、管理风险、财务风险。科学技术是第一生产力，全能团队作为行业精英，能够始终保持站在技术的最前沿，不断帮助公司进行技术革新，避免公司在技术上落后，进而丧失竞争力。全能团队对市场的敏感度较高，能够把握市场的风向，避免公司因错估市场形势造成损失。在管理方面，全能团队对公司内部各部门都有协作，对各部门比较了解，能够实时监控公司的人才是否合适，保持公司人才进行正常流通。在财务方面，全能团队能用最少的钱办最多的事，避免公司出现资金不足的问题。

因此，全能团队对从事各行业的公司发展起着举足轻重的作用，能够满足行业的各种需求。全能团队正是靠着专业知识和敬业精神，才能做到"有求必应"，与本行业"荣辱与共"。

▶ **案例诠释：**

有一家专门生产销售火腿的公司接连几个季度都有不同程度的亏损，老板非常头疼。对企业进行了两次整改都没有效果，搞得公司人心惶惶，销售额却始终上不去。

无奈之下，老板尝试组建了企业的第一支全能团队，聚集起整个企业里最有能力的几位员工开始对企业现状进行排查，并且给予了他们很大的自主权。这支全能团队火速展开了对企业的调查，从生产工厂到市场销售，从头到尾把流程查了一个遍。他们很快发现，企业到了这个地步，每个环节都或多或少地有一些问题。但最关键的问题有两个，一是企业在包装上做了一点变动，这是第一次整改时留下的遗毒；二是最近有一些关于猪肉安全的新闻开始传播，导致顾客对火腿质量产生了怀疑。

根据这些问题，全能团队的成员们开始各展所长，制订相应的计划，首先是美工设计对包装稍微做一点还原，让顾客重获安全感；其次是在广告文案中对当前的信任危机做出应对，夯实企业形象；最后则是生产部门适当减少生产量，将精力放在员工心态调整上。

这位老板当机立断，决定实施全能团队的计划，没想到当季就及时止损，让企业发展重新回到了正轨。

Part 2

低成本高收益是全能团队的核心优势

◆ 一专多能，人力成本低

许多企业单位的领导者都希望能够在经营中实现利益最大化，于是大多企业会在运营成本上下功夫，力求以尽可能少的投入，去谋求尽可能多的回报。所以在各个投入点上，领导者们都会精打细算。

任何一家公司想要用最少的投入获得最大的收益，首先就要降低人力成本。众所周知，全能团队成员是企业的精英骨干，在薪酬、福利及其他待遇方面肯定会高于其他普通员工，那么打造全能团队降低人力成本又是从何谈起的呢？

实际上，经济账是不能如此笼统地按照每个不同的员工个体来计算的，因此也不可能单纯地从薪资待遇的高低去衡量全能团队所占用的人力成本，而是要从全能团队的各个成员为企业所做出的付出和回报的标准出发，全面地去加以综合分析，才能得出真正的人力成本。之所以说全能团队能够节省人力成本，是因为它具备以下几个优势：

（一）全能团队在人数上相对精简

全能团队最突出的特点就是"用最少的人去做最多的事"。比方说，过去要几个人才能完成的工作，如今只需一个人靠着自己拥有的知识和技术，再配以先进的设备，就能够胜任这个岗位。

（二）全能团队占用的人力资源相对较低

与普通的员工相比，全能团队的成员们大都拥有较为丰富的专业知识，就像能够随时插拔的U盘，在合适的位置随时上岗，并能够在短期内快速适应，不需要再经过专业培训，所以能为企业节省一定的人力资源。除此之外，全能团队的团队成员还能以自身的职业素质，去带领其他员工进步，使单位的人力资源进一步得到合理利用。

（三）全能团队的人员配置相对稳定

俗话说："铁打的营盘流水的兵。"在当今竞争激烈的社会环境下，人力在各个用工单位的各个岗位之间流动得更快。不是用工单位对应聘者"吹毛求疵""精益求精"，就是应聘者在工作岗位上"骑牛寻马""朝三暮四"。尽管如此，任何单位都还是需要一个稳定的精英团体来带动企业的发展，而具有真才实学和丰富经验的人才也需要一个稳定的、能够满足其薪资待遇和实现其人生目标的平台。所以，全能团队对于雇用双方来说，都是一个不错的选择，用人单位组成了一个较为牢固的核心团队，为单位的发展提供了稳当的保证；而团队里的成员也找到了适合自己长久发展的工作岗位，安心地为单位效力。从单位和员工的切身利益出发，全能团队的人员配置一旦确定下来，在成员之间建立了安全感、归属感，团队就会相对稳定地维持下去。

（四）全能团队内部的互补性强

一个全能团队为什么能够高效率地工作，关键在于其内部成员之间技能的互补性。一个团队想要紧密地组合在一起，完成上级交代的任务，团队内各种角色的人才都不可缺少。而各种人才的互补，使团队所发挥出来的能量不仅仅是"1+1=2"，而是呈平方数地增长。更为重要的是，全能团队具有很强的资源整合能力，能同时从多个渠道获取企业所需的资源、人才和资金，保证企业在人力资源建设中不断获得新鲜血液。所以，组建一个行动高效、优势互补的全能团队是企业取得成功的重要基础。

（五）全能团队对企业的特殊要求不多

在全能团队里，成员之间的适应力强、上手快，能够在不断变化的环境中承担更多的任务，并在负起责任的同时，以很快的速度去解决问题。在对企业的要求上，成员们最大的愿景就是希望能够给予他们一个能最大限度地发挥才能的平台，实现自己人生的理想。所以，只要在待遇方面给予团队成员适当的薪酬、福利，在管理方面给予他们最大的安全感、归属感、信任感，就能让全能团队的各个成员带着拼劲向着目标前进。

由此可见，全能团队在企业单位中除了对人力成本的占有资源比较低之外，还具有精练、稳定、互补性强和要求不多等好处。在现今的企业中，随着各个行业的竞争加大，企业对知识型员工的需求量也在加大。所以，知识型员工的比重越来越大，在企业中发挥的作用也越来越明显。与此同时，员工们对自主性工作的要求也越来越高。对于这种现象，许多领导者会选择让员工们放开手脚去干，尤其是全能团队，需要企业领导者授予更多的权力。那么在实际工作中，全能团队又能给企业带来什么呢？

（一）全能团队能为企业带来更大的经济效益

与其他非团队的部门相比，全能团队由于其自身具有知识丰富、技术过硬、合作意识更强、沟通更顺畅的特点，不仅改变了企业组织的运作方式，还提高了整个企业的运营效率，为企业带来更大的经济效益。与此同时，由于全能团队人员的精简，使维持全能团队的人力成本能够处在一个合理的范围内，这是其他部门的员工不可比拟的，也是企业领导人所乐意看到的。例如，在一家传媒公司里，有一支非常优秀的全能团队，共有八名成员，都是各个领域的佼佼者，拍摄、剪辑、文案、后期、宣传等方面各有专精。这家公司有近七十名员工，虽然这八人小队的收入就占了整个公司薪资支出的四分之一。但也就是这八名精英，创造了公司几乎一半的收入，不论什么样的任务，这八个人都能第一时间妥善完成，可谓是全公司的中流砥柱。由此可见，以全局的立场来计算全能团队在企业单位中所占的人力成本比例，往往能发现是物超所值的。

（二）全能团队能帮助企业其他部门创造效益

比尔·盖茨曾经说过："团队合作是企业成功的保证，不重视团队合作的企业是无法取得成功的。"全能团队能够在其岗位上创造重要的价值，也能够凭着其出色的技术能力、业务能力、沟通能力，帮助企业的其他部门，或者是其他团队创造效益。一家网络营销公司接到一个大项目，其中负责产品市场监测的工作是最重要的，也是最困难的。但是公司负责市场监测的员工人数少，无法按时完成工作。公司总裁迅速抽调公司全能团队参与该项目，全能团队的成员由于对本行业各个岗位的工作非常熟悉，他们有的负责较为困难的监测工作，有的负责较为简单的监测工作，有的负责数据整理工作，有的负责与客户沟通汇报。最终，在时限内较好地完成了工作任务。

（三）全能团队能为公司带来良好的改革

传统的企业单位一般都是以追求本行业利益为目的而发展起来的，内部可分为劳动分工、专业化管理、专业化生产等各个细化的环节，犹如一部运转中的机器，各个组件互相配合，驱动机器发挥工作效益。但是，由于工作环境及分工的限制，企业中的各个部门虽然能够互相衔接合作，但仍旧是一个个被人为分割的小部分，大多数企业的员工只能在一个相对狭小的范围内从事简单重复的工作。随着企业规模的扩大，难免会在企业内部产生割裂，使各个部门及个人的能动性受到很大的制约，导致部门负责人、员工对企业整体目标缺乏一个清晰的认识，甚至会产生歪曲理解。长此以往，就容易在企业单位中出现部门机构臃肿、工作效率下降、人才流失等诸多不利现象。全能团队正是解决这个问题的不二法门，团队本身的全能性和专业性，使他们可以融入各个部门进行沟通和衔接，在不增加额外支出的情况下，解决已有的隐患和漏洞。全能团队在与各部门串联协同的过程中，不仅可以为各部门注入新的活力，也能带去更有效的工作方法和经验。有效加强各个部门之间的联系，逐渐纠正企业内部存在的不良现象。从而提高部门员工之间的亲和力和互助能力，打破部门之间的桎梏。

由此可见，全能团队有利于提高企业的整体效率，通过细致的分工和合作，能极大地节省人力成本，从而有效地掌握好时间和金钱。如果给予全能团队各个成员足够的自主权力，每个成员都会以主人翁的精神自觉行动起来，约束自己的行为，奉献自己的才华，在企业和员工之间获得双赢的结果，使企业收获超出人力成本的价值。

◤ **案例诠释：**

潘总是一家保健产品公司的老板，公司主要生产的产品是鳄鱼制品，包括鳄鱼酒、鳄鱼肉、鳄鱼蛋白奶粉、鳄鱼油等。为此，潘总还在市郊建立了一间鳄鱼养殖场，每年能获取数万条鳄鱼的产量。

虽然公司的规模越做越大，但潘总却高兴不起来。原因是随着公司的壮大，人力资源的耗费也像滚雪球一样，每年消耗在人力方面的成本几乎是呈几何的方式增长，但效益却没有明显的提升。在这种情况下，公司还出现了亏损和负债的情况，如果不加以整改，公司就有倒闭之虞。

在同行好友的建议下，潘总毅然辞退了一批能力不足的员工，组建了公司的第一支全能团队，一来清理冗员减轻公司负担，二来可以尝试解决当前问题。这支新生队伍的第一个任务就是：一个月之内将公司存在的问题查清，并递交一份可扭转公司亏损情况的方案。

全能团队接到任务后，随即展开了调查。在人力成本方面，他们发现，公司以往主要的销售手段是会销，但这种销售方式在当今网络媒体盛行的时代，已经显得过时，投入了大量的人力物力搞单纯的现场宣传，却忽视了网络宣传的作用。而且，会销本来就是一种风险比较高的销售方式，存在着极大的机遇性和不稳定因素，如果将用于会销的大部分人力资源转移到网络销售上，不仅宣传效果更大更佳，还将大大节约人力上的成本。

发现问题后，全能团队迅速开始制定转亏为盈的方案。在有限的时间内，他们分工明确，一部分成员着手市场调研，研究其他同行公司的销售模式；另一部分成员就本公司的实际情况来制定新的销售模式。这支全能团队的成员包揽了从人力资源、市场调研、营销文案等一系列工作，不到二十天，新方案就诞生了——以网络销售代替会展销售模式。以往传统的营销方式，浪费了大量的人力资源和成本投入。在网络媒体盛行的时代，采用新的销售方式可以减少场地租赁、人员管理、讲师授课等费用支出，不仅宣传效果更强，还能节约人力成本。

潘总经过一番思想斗争后，决定采纳这个方案。很快他就发现，这支团队的薪资水平虽然较高，但在整个销售模式的转变中起到了非常直观的作用，从发现问题到解决问题，这只团队提供了完整的可行性方案，其贡献的工作价值远远超过公司所付出的人力成本。没过多久，公司就获得了数倍于以往的销售佳绩。

◆ 经验丰富，培训成本低

现今许多企业单位招聘员工，往往更看重工作经验，甚至认为经验比学历更重要。许多经验丰富的领导者和员工也明白，当新人走出校园，走上工作的岗位之后，仍旧如同一张白纸，只能凭着自身所学，在工作中慢慢积累工作经验，逐渐从生手变为熟手。但是，并不是所有的企业单位都会给予新人这样的积累经验的机会，因为对新员工的培训成本也是单位支出的一部分，关系到单位的效益。为了追求高效益，企业领导者一般都会注重如何控制培训成本，力求"种瓜得瓜，种豆得豆"，投入了多少培训成本进去，就希望能够收获多少成果，收获多少能为企业单位服务的有经验的人才。

如果说，有经验的员工可以为企业降低培训成本，那么全能团队不仅能节省培训成本，还能为企业带来更高的收益，其优点如下：

（一）全能团队拥有丰富的工作经验

前面已经提到过，全能团队就像一个"自带信息，不装系统，随时插拔，自由协作"的U盘，哪个岗位需要，就会出现在哪里，并在岗位上发挥关键和重要的作用，而这样的团队，常常是企业所青睐和倚重的。组成全能团队的成员，往往都具有丰富的工作经验、敏感的职业嗅觉、坚强的抗压毅力和良好的道德素养，而这些都是其经过辛勤的工作经历而得来的，可谓大浪淘沙。所以，对于这样的团队，往往一到工作岗位，就能按部就班地开始工作，无须经过培训或者只需接受简要的培训，大大节省了企业单位的培训成本。

（二）全能团队能够为其他员工提供职业培训

全能团队是企业单位的中坚力量，不仅能够在其岗位上出色地完成工作任务，还能给本部门或其他部门的单位成员带来模范作用。如果全能团队能够在日常工作中，以自身所具备的经验，为企业员工们提供培训，就能大大减轻企业的培训成本压力。曾经有个企业管理家说过："人才是带出来的。"全能团队通过为企业的员工提供培训，还能发掘出潜在的人才，除了保证员工能够走上岗位，更加优秀的人才还能为团队补充新鲜血液。而在工作的同时，团队成员还能为员工提供实操培训，其作用甚至能够完全替代单位的培训部，既节约了时间，也节省了培训成本。

（三）全能团队能够完善单位的培训体系

任何一个工种、一门技术，要通过学习来掌握它，都需要一个完整的培训过程。公司的培训体系虽然都是经过一代代员工的摸索和传

承，加以积累和修改得来的，但是其中难免有不完善的地方。具备必
要的专业知识和技术的全能团队能够在日常工作中，以及在自身接受
培训或培训其他员工的同时，凭着自身的专业素质，发现单位培训体
系的不足之处，进而查漏补缺，对领导层反馈问题、提出意见，对体
系加以完善，使企业的培训资源进一步得以充分利用起来。

（四）全能团队能够把握好培训的力度

在单位培训的过程中，把握好培训的力度，不仅关系到学习进
度的快慢、知识吸收的多寡，更关系到培训成本的高低。全能团队
凭借自身过人的能力和对业务的熟练，能更快更好地达成培训目的。
他们本身就是各个领域的佼佼者，知道工作的难点和公司的需求点，
从而把行之有效的经验传授给新人。全能团队之所以能达到这种效
果，主要原因有以下三点。

（1）分得清侧重点

无论哪个行业，其本职工作都有一些着重点，单以饮食行业来
讲，如熟食包装车间，重要的一环是抽真空保险；雪糕生产车间，
重要的一环是检验大肠杆菌的数据；饮料灌装车间，重要的一环是
瓶盖封口。虽说一份工作中，每一个工作环节都要注重，但在某一
些重中之重的环节，就要格外打起精神，决不允许出现任何细微的
差错。全能团队非常清楚一项任务的重点是什么，这是他们得以成
为精英的原因之一，所以他们也会在培训中教导新人学会分清问题

的主次矛盾。

（2）理得清先后顺序

每一个工种都讲究"一条龙"运作，比如玩具厂的一款布娃娃，从拼缝布片、加花边装饰、镶嵌眼珠、装填棉花内芯、缝补缺口，到检验合格、包装、入库等，从头到尾，循环渐进，才能完成生产任务。全能团队人员少，分工明确，使他们对工作流程的每一步都心里有数，知道一项任务要从哪里开始一点点解决。这恰好和培训一样，要先后分明，一步步解决问题，否则就像还没学会走路就想跑步那样，必定会吃亏。

（3）熟知常识性的问题

在培训的过程中，不能光靠死记硬背知识点，还要灵活地结合生活中的各种常识来配合自己的学习。例如在生产过程中，是否要考虑温度、湿度和周边环境的因素，是否要考虑时间的因素，是否要考虑各种极有可能发生的不可抗因素，等等。任何一种工作，都会有一些常见的问题，新人在培训中一定会遇到这些问题，全能团队由于做过大量类似工作，基本可以及时预防这些常识性的错误产生，这种经验也可以传授给新人，将一个问题用最快的速度去判断和解答，从而对整个公司的培训经验做出优化和升级。

所以，在这个信息爆炸的时代，面对海量的信息、新知识和新技能，在培训的过程中如何进行有选择、有目的、有针对性的学习，是企业培训的重点。参加培训的全能团队成员能快速缩短这个培训周期，同时能获得更好的培训效果。一方面可以减少企业在培训中的成本投入，另一方面可以让新人更快更好地开展工作。

（五）全能团队更善于在培训中加强沟通交流

在一个企业单位，全能团队处于一个较为微妙的位置，上有领导，下有员工，左右又可能有别的团队，而且对外还有客户和其他有联系的单位。要想在培训过程中做到尽善尽美，不出差错，就必须发挥自身的沟通能力，这样才能在学习中发挥出自己的工作能力，或者为单位输送人才。在培训当中，除了对培训对象有硬性的要求之外，培训人员也要知晓培训对象的需要和诉求。例如培训对象希望掌握工作流程之后，还能学习到相关的专业知识；在平时的工作当中，领导者能够尽量给予其必要的帮助；在培训完毕之后，培训对象希望领导者能尽量给予其更多的自由发挥空间，都必须在培训过程中通过沟通交流来实现。只有做到毫无忌讳，畅所欲言，才能让培训工作顺利地进行下去，从而大大节省培训成本。

（六）全能团队的领导者更懂得如何去管理团队

相较于传统的"外行指导内行"的工作模式，全能团队的领导者更了解工作中的各个环节，甚至了解员工性格、能力、专长等因素对于不同种类的工作的影响。一方面，全能团队的管理者拥有相应的知识能力，更了解工作的重点和难点，他在专业技术领域的权威，能帮助他在发号施令时更容易令团队成员信服；另一方面，全能团队的领导者能为企业主和员工做好搭桥工作，在企业期望与实际情况之间做好平衡，这可以简化企业主在管理上的难度，将"一对多"的管理模式转化为"一对一"，提高团队的工作效率。

（七）全能团队能在培训中为员工树立榜样

全能团队由各种精英组成，他们有着更强的工作能力，通常也领着更高的薪水。在进行培训的时候，团队成员可以为培训对象树立一个良好的榜样，不仅在工作上做好示范，帮助他们迅速解决工作上的问题。还能激发培训人员的事业心，让培训对象了解自己的定位、能力，看到自己的上升空间，懂得如何争取和努力。

由此可见，全能团队参与企业单位培训，能凸显出许多优点，一方面为企业节省成本开支，另一方面又能为企业添加实干人才。虽说当今许多企业领导更注重经验丰富的员工，但是如果没有职业培训这一环节，员工们又何以积累经验？要使公司常年保持活力，就要时时补充新鲜的血液，让员工们在全能团队的帮助下，通过培训，成为能为单位创造效益的精英人才。

▶ **案例诠释：**

林总是一家文化传媒公司的老总，他的公司刚成立不久，凭着多年对知识行业行情的认识，很快就联系到好几家出版社、广播电台等合作伙伴，出版了不少书籍、图册以及音像制品，使公司在短时间内就走上了正轨。可是不久之后，林总却察觉到员工之间出现了许多问题。例如在文案中，触犯法律法规及误用版权的事情时有发生；在行政上，由于各部门之间对彼此工作的不了解，行政人员时常对员工的工作做出错误的理解和判断，并造成了不必要的误会；在对外业务方面，由于图书出版界存在许多不确定因素，而业务员也没有更深入地去了解行情，导致一些出版工作出现延迟滞后的现象。但更重要的是，在经历了公司开创初期的激情后，公司的工作氛围出现了暮气沉沉的现象，工作效率也渐渐降低了下来。

为了改变现状，以提升工作能力和士气，林总花重金邀请了一家培训机构为员工进行培训。与此同时，林总也因为有生意上的急事，在交代了培训工作之后，就匆匆登上了飞往异国他乡的飞机。一周后，当林总返回公司时，见到的不是通过培训所改善的结果，而是整个公司员工的怨声载道。一问之下，原来这家培训机构徒有虚名，不仅不能为林总公司的员工传授相关职业的专业知识，而且只会以各种所谓的"军事训练"来折磨员工。例如每天都会勒令员工们出外"拉练"，站在闹市中喊口号，做一些古怪的事情，一些女员工不堪自尊被伤害，甚至当众哭泣。

怒不可遏的林总立即赶走了这家所谓的"培训机构"，这时，他想起了外国公司全能团队高效的办事效率，心动之下，也在自家公司选出几位知识渊博、工作能力强的工作人员，组建成一支全能团队，利用这支新生的精英队伍来对员工进行培训。为了让全能团队能够便宜行事，林总还完全下放权力，让全能团队能够自由发挥。

很快，这支全能团队就开始投入运作当中。由于团队成员都是从本公司各个部门的基层员工中抽调出来的，每个成员都是各部门的精英，所以更了解工作的细节和员工的需求，于是在实际培训中，他们祭起了"三板斧"：一、每一位全能团队的成员都将自己部门的工作流程、注意事项整理出来，再汇编成一本小册子，在公司内部人手一本，使每个员工都能清楚自己的职责和其他员工的工作内容；二、时刻留意政策和市场的变化，并每日在公司醒目的位置以板报的形式通知各位员工，还加以必要的培训；三、在得到林总的首肯之后，设立奖励基金，对工作中突出的员工进行金钱和物资上的奖励，如果有员工的工作未达到公司的要求，全能团队就会给予各种有针对性的方案，帮助员工们解决问题。

"三板斧"下来，立马取得了立竿见影的效果，员工们的专业知识增长了，工作效率得到了很大的提高，也增加了职业敏感度，使公司的业绩重新节节高升。而全能团队各种暖心的帮助，也让整个公司的员工之间其乐融融，公司不时传来欢乐的笑声。相比在外头高薪聘请不靠谱的培训公司，公司的全能团队却取得了事半功倍的成绩，在收获了巨大红利的同时，公司的培训成本却大大降低了，每当看到这一幕，林总总是感慨地对人说："如果知道全能团队如此好用，就应该早用它来进行培训啊！"

◆ 自主性强，管理成本低

每一名企业单位的领导者都希望能在高收益的同时，将管理成本控制在一定的范围之内，所以算好管理成本这笔账，与企业单位的其他收支同样重要。但是，如何才能降低企业的管理成本呢？

答案就是好好利用团队的力量，因为一个成功的企业单位不是靠一个人单打独斗就能创造出来的，一个人的力量毕竟是有限的，只有依靠团队的合作，才能形成一股强大的力量，一起成长，一起奋斗，最终打拼出一番事业。而要实现成功的目标，利用全能团队去创造一个高收益、低成本的运作局面，绝对是一个明智的方法。

全能团队为何能够在取得高收益的同时，又能在管理上起到低成本的作用呢？这是因为全能团队拥有以下几点优势：

（一）全能团队更懂得如何进行内部管理

全能团队这个"插"上即能使用的U盘，其内部已然自成一体，每个成员各就各位、按部就班，按照领导者的指令，坚定不移地执行任务。一旦遇到任何内部问题，都能依靠领导者出色的安排，每个成员之间默契的协调，将问题完美地解决。例如，在生产部门的全能团队里，一旦质检员发现不合格产品，就能立即联系到团队的领导者，领导者再迅速命令负责各生产环节的全能团队成员进行排查，在整个生产流水线上找到原因。如果是机器出现故障，修理人员就会第一时间赶到现场，以最快的速度将机器恢复正常，将反馈报给质检员，最终保证产品的质量。

（二）在工作方面，全能团队的成员都是多面手

全能团队是一个由企业单位的精英人才组成的团队，所以团队的每个成员都是"一专多能，一人数职"的多面手。就以一家文化传媒公司由全能团队组成的文案部为例，在一年的年底，公司照例要出全年总结和下一年的全年计划，但是不巧的是，往年负责撰写总结和计划书的员工正在休产假。但是这丝毫没有难倒身经百战的团队，团队领导者根据每个人不同的性格，将休假员工的工作合理分成了几份，其他原本负责调研、策划、设计的员工通力合作，走访公司各个部门，查询各个部门的工作业绩及未来展望，收集每个部门中每个员工的工作状态和业务信息。大家集思广益，最终完成了这份年度总结和计划书，将这位休假成员的工作有条不紊地完成，并顺利地通过了上级领导的审批。所以，拥有一众"多面手"的全能团队在日常的工作管理上，能够对企业的发展起着很大的帮助，也因此节约了公司的管理成本。

（三）全能团队成员更有积极性

通过全能团队的言传身教，可以营造一个向上的氛围，对培训人员造成积极的影响。全能团队由于自身能力比较强，对自己的工作非常了解，所以他们通常非常自信和主动。这种工作状态能让他们创造出更多的价值，从而获得肯定和乐趣。而这种乐趣又能促使他们更加努力地工作，从而在整体上营造出一个积极向上的氛围。让团队成员享受工作的同时，也可以带动公司其他部门职员的工作热情，就能为企业单位创造更高收益，同时这种主动性也能降低公司的管理成本。

全能团队虽然拥有以上优势，但领导者如果要在管理上将全能团队的优势发挥到极致，让团队为企业单位取得高收益，尽可能地节省管理成本，还需要领导做到如下几点：

（一）领导层要给予全能团队足够的信任

松下集团的领导者松下幸之助曾经说过："用他，就要信任他；如果不信任他，就不要用他。"这句话总的概括就是"用人不疑，疑人不用"。同样，既然启用全能团队为企业单位工作，就要对其给予充分的信任，这份信任表现在工作上和办事方式上。在平时的工作中，领导者要懂得"术业有专攻"，对于全能团队的表现和工作计划，要表现出理解的态度，而不是不懂装懂地去干扰；而在办事方式上，也要相信全能团队的能力，让其将事情办得尽善尽美。

　　而对于团队内部来说，团队领导者的责任是营造一种培养和鼓励的氛围，让团队成员感受到领导的信任，也要让他们清楚地知道只要有能力做好工作，就能得到更多的信任。海底捞火锅店的老板张勇，就将下属的员工视为家人，并对他们给予充分的信任，放开手脚让他们去干。

　　对员工或团队给予适当的信任，会给企业单位的用人方式带来益处，消除了员工们的抗拒心理，也容易让双方形成一种平等互利、融洽合作的关系，从而营造出一个良好的工作气氛。

（二）领导层要赋予全能团队足够的自主权力

　　管理大师杜拉克曾经说过："注重管理行为的结果，但不要监控行为，让管理进入一种自我控制、自我管理的状态。"所以，领导者要懂得以适度的管理，去获取更大的成果；懂得在什么时候应该亲力亲为，什么时候可以下放权力。

　　当年松下集团要在美国建立分公司，领导层直接授权在美国新建立的一支全能团队，让他们全权负责为新的分公司选址，针对整个公司的业务情况，全能团队有的负责市场调研，选出综合最优的地点；有的负责与当地政府沟通，以获取更好的优惠条件；有的负责前期的业务拓展……从环境到人文条件，整个全能团队都提出了完整的方案和计划，并充分享有自主权。当时有人提出疑问："建立分公司这种如此重要的项目，关系到整个松下集团在美国这个大市场的业务，要不要再让领导层审核一遍？"而松下领导层的答复则是："我们不是开发商，也不是房地产商，而是来建立分公司的。对于在美国什么地方最适合建立分公司，地地道道的美国员工难道不比我们更加清楚？所以，为什么不相信他们呢？"后来，果然如松下公司的领导层所料，松下电器以此为进军美国市场的前沿阵地，打下了北美电器行业的大片市场。

（三）不要过多地干涉全能团队的管理工作

一千多年前的宋朝曾经因为所谓的"干涉"，有过惨痛的教训。宋朝实行"重文轻武"的国策，将帅就连领兵出征打仗，都要命令领军者严格按照朝廷绘制的"战阵图"去排兵布阵，而这些所谓的"战阵图"，大多是朝廷上一群没有多少征战经验的文官制定的，完全脱离了战场的实际情况。结果在整个宋朝的三百多年历史上，作为中原王朝的宋朝对外战争屡屡败北，时常被周围少数民族政权欺负，甚至被灭国。

在当代的许多企业单位，许多领导者对于权力下放也是心存忌讳，生怕下面的员工"造反"。而有的领导者喜欢大权独揽，把自己的员工看成围绕他一个人服务的。也有的领导者虽然意识到过多干涉下属的工作，会对企业发展产生不利的影响，但仍旧患得患失，一方面希望专业的全能团队能够凭着自己的实力为单位创造价值，另一方面却又对下属的员工和团队放心不下。

领导者存在这种心态，一是对自己领导能力不自信，二是对行业性质缺乏足够的专业知识。但全能团队的成员都是业界精英，对市场有敏锐的洞察力，能够及时发现公司决策的失误之处。如果领导层的管理过于死板，团队成员前怕狼、后怕虎，无法将自己的专业能力发挥出来，那建立全能团队的意义就会大打折扣。想要发挥全能团队的优势，就需要给予他们充分的自主权，让他们充分发挥自己的才能，为企业单位创造更多的价值。

（四）领导层要多与全能团队沟通

在日常生活中，我们都有这样的体会，面对一个问题，自己独自一人苦思冥想了很久，都不得要领，而将这个问题告知别人，与别人讨论之后，或许就能从别人的见解中找到所要的答案。而这，就是沟通的好处。

作为领导者，其中一个重要的职责就是跟员工进行沟通，从而得知员工们工作的进展和目标的变化。在各行各业中，沟通都是非常重要的，不仅能传送语言、文字、动作，还能传送思想、观点、态度等多方面的信息，在向对方传递自己所要传递的信息的同时，还能得到对方的反馈，得知对方的情况。

在沟通方面，沃尔玛公司给我们提供了一个很好的案例。每隔一段时期，沃尔玛都会召开股东大会，届时将邀请尽可能多的沃尔玛全能团队的员工参加，让各个团队能够通过聚餐时的沟通交流畅所欲言，了解公司的全貌和各个部门的运作情况。而沃尔玛的每一位股东，亦可以在此了解到每个团队的工作情况。这些团队集中了各个岗位的人才，并且他们大都从底层成长起来，在平时的工作中经常以分散组合的形式与各个部门打交道，对公司了解得非常透彻。领导层可以在与全能团队的沟通中全面了解公司的情况，从而更好地制订战略计划。

所以说，沟通，可以集思广益，鼓励员工们献计献策，对工作不断地进行改进；沟通，不仅能与团队共享信息，还能从这些专业人才身上学到许多行业知识，开阔视野，并能得到一些事业发展上的启迪。

（五）领导者要懂得并善用激励机制来管理全能团队

对于领导者来说，激励员工是一门学问，也是一门艺术，没有激励机制的团队是走不远的。管理者对团队成员进行引导、鼓励，对成员做得好的工作要表现出欣赏，并给予适当的表扬。这种激励机制，用在全能团队上，更能突出良好的效果。因为全能团队的成员都是公司的精英人才，而人才是全能团队乃至企业单位的宝贵财产，如何吸引和留住人才，就要靠正确得当的激励机制。

最大限度地调动起每个员工的积极性，使员工才能的发挥与团队目标的实现相融合，才能让成员们的自尊心、荣誉心和成就感得到满足，激发出他们对本职工作更大的热情，以积极主动、乐观向上的精神去对待工作，继续为单位创造财富。

（六）领导者不要过多地苛责全能团队的不足之处

任何一个人或者团队，无论他或他们有多么的优秀，都会有不尽如人意的地方，或者在某时、某地或者某事上犯下错误，但如果领导者以一种宽大的胸怀，去跟下属的团队成员一起找出错误的根源，积极与团队成员一起解决问题。这样不仅能够避免过多地去责备团队成员，还能让自己和成员发现一些工作上存在的隐患，使之引以为戒，避免再出现类似的错误。

全能团队也是如此，一家成立不久的广告公司接了一单大客户，由于这个单子的竞争非常激烈，老板十分重视，为此专门组建了一个全能团队。这支团队是整个公司的骨干成员，他们从客户的合作历史开始着手，对整个业务进行了详细的准备，包括客户公司的偏好、产品数据、市场情况，还有自己公司可提供的方案选择，等等。在事情向着大家预期发展的时候，团队里负责撰写文案的成员犯了一个严重的错误，他错误地判断了对方公司领导层的喜好，提出了一个比较激进的宣传文案，最终导致合作谈崩。

在这位成员几乎要辞职的时候，老板挽留了他，并表示新成立的队伍，失败在所难免。结果不仅这位成员得到了安抚，整支团队也受到了激励。没过多久，他们就在另一次任务中发挥出色，为公司创造了巨大的利润。

正所谓"得人心者得天下"。领导者肯包容下属的错误，共同发展，就能实现企业单位与员工之间的双赢。

领导者们在管理上坚持以人为本，尊重团队员工的人性需求，让员工在获得合理的薪资报酬的同时，也得到自身价值的肯定。同时，适当地下放权力，才能收得全能团队的人心。"人心齐，泰山移"，念好管理成本这本经，就能让全能团队在低成本的基础上，为公司创造出高收益。

▶ 案例诠释：

有一家西方的矿产开发公司探得非洲的刚果有一处未曾开发的金矿，但是几次组建专家考察队前去，花费了大量的人力、财力，都没有寻找到金矿的具体位置，于是，公司就派了一支全能团队作为探险队，深入刚果丛林去实地寻找这处金矿。

这支团队与之前团队的不同就在于，他们的成分非常复杂，除矿产公司本身的地质矿产专家以外，还有当地的向导和野外生存专家。他们与之前的探险队走了截然不同的道路，选择了那些较为危险，但也有更多可能性的路线。

在经过了两周的忐忑不安后，老板收到了探险队的回音：金矿找到了。

在全能团队返回总部后，大喜过望的老板询问他们为什么能如此高效地解决问题，全能团队的领头人回答道："我们考虑到之前探险队可能已经做出了极大的努力，但由于专业性和多面性的限制，他们一定在某些问题上缺乏解决办法，我们有着各种出色的专家，又有充分的自主权力，可以通过各种判断方法来选择路线。"

领头人还未说完，老板已经对其竖起了大拇指。

这支团队执行任务的途中，并不需要老板过多的指示，远超出一般队伍的工作效率。这位老板本来投入了很高的预期成本在探索环节，但这支团队为他省下了很多费用，老板将这笔费用转而投入在开发的环节里，进一步扩大了公司市场。

◆ 计划详尽，运营成本低

运营就是指企业单位在日常行为中的运作和经营，包括企业单位为了工作需要而采取的计划、组织、实施、生产、销售、维护等手段。一家企业单位的运营离不开资源消耗，包括人力资源、物资资源、金钱资源等，这些宝贵的资源是企业单位发展壮大的动力能源，所以企业单位的领导者一方面希望在日常运营中取得更高的收益，另一方面又通过采取各种手段，千方百计力图将运营成本降到最低的水平。

高收益和低运营成本看似是一对矛盾的存在，但并不是不能实现的。如果一家公司想要实现高收益和低成本，就需要充分利用公司现有的人力资源。其中有的企业单位利用内部的人才，组建一支全能团队来达到这个目的，这无论在人才配置还是管理上，都是一个不错的选择。

衡量一个团队是否在运营方面能给企业单位带来效益，可以通过以下几条标准来衡量：

（一）团队是否具备完成工作的能力

团队存在的首要价值，就是它能够为企业工作，为企业带来财富。但是团队也分能力高低、优秀和平庸几种，由于全能团队的成员都是单位里的精英，自然比其他普通的团队更胜一筹。在一般的情况下，越是高效率的团队，对自己的要求就越高。完成工作的能力，对全能团队而言，只是个"起步价"，全能团队每个成员都能够尽可能地发挥自己的潜在能力，来实现自己的价值。

（二）团队成员之间在工作上能否进行有效的协调沟通

上下一致，左右协调是团队成员有效沟通的一个最重要的特点，也是全能团队必备的素质。一个任务，从领导层下达指令那一刻起，整个团队都会围绕着如何完成这个任务而去交流沟通，进而分配任务，成员之间达成互助合作关系，最后有条不紊地将任务完成。

（三）团队能否始终坚持最终目标

在企业单位的运营中，难免会受到来自单位内部和外界的影响，有的团队虽然起初还坚持执行着工作目标，但在工作的进程中，受到外界的干扰，不知不觉偏离了目标。例如，有一支军队在准备投入战斗之前，炊事班接到上级交代的一个任务：必须在作战前赶制一批干粮，让全军上下的将士填饱肚皮之后，能够将剩下的干粮带在身上，以便在环境恶劣的战场上，利用战争的空隙时间充饥。平日里，炊事班为战士们准备的干粮都是白面饼，但这次由于军费紧张、军资短缺，上级拨下来的经费和食材都很少，而恰好在这时，面粉又大幅涨价，所能用来购买面粉的经费显然不够用了，军队炊事班的班长于是哀叹这真的是名副其实的"巧妇难为无米之炊"。这时，有一个上了年纪的火头军出了个主意："为什么一定要做白面饼呢？我们的目的是让全军吃饱，而不是纠结面粉是否涨价。"一语惊醒梦中人，班长连忙派人火速采购没有出现价格波动的玉米面，将干粮改成了玉米面饼。结果，在军费和物资短缺的情况下，全军上下还是享用了一顿饱餐，保证了旺盛的战斗力。这个例子告诉我们，坚持最终目标，才是工作的真正目的。而例子中的最终目标是"让军队吃饱"，而不是"买面粉"，分清了目的所在，才能去坚持原则而不分心。

既然合格的团队必须符合如上标准，那么全能团队作为精英团队，自然能够做得更好，相比之下，他们又拥有哪些优势呢？

（一）全能团队的目的性强，目标明确

了解目标，明确地知道如何达到目标，才能做好本职工作。全能团队的最基本目标就是凝聚团队人心，激发团队积极性的根本所在，因为目标是成功的保障，只有确立了这个最基本的目标，团队的成员才能够对自己的工作进行评估和定位，制订出可行性的计划，高效完成更多的工作任务。

（二）全能团队的成员具有较强的领悟力和观察力

甲乙两人是同时进入一家水产食品加工公司的员工，两人都在自己的岗位上勤勤恳恳地工作。三年过去了，甲升到了部门主管的位置，但乙还是一个普通的员工。终于有一天，乙按捺不住郁闷的心情，找到总经理，问道："我和甲同时进公司，都认真负责地工作，为何他升到了主管，而我还是老样子呢？"总经理想了想，没有正面回答乙的问题，而是对他说："那我安排你一个任务，如果你能圆满完成，我就给你晋升的机会。"于是，总经理吩咐乙到最近的批发市场查看有几家水产店有新鲜的马鲛鱼出售。乙到了批发市场转了一圈，就跑回来向总经理报告："一共只有两家。"总经理听后点点头，问道："每家有多少货量？"乙一愣，赶紧又跑到批发市场再看了一遍，回来补充道："第一家有20斤，第二家有30斤。"总经理接着问："价格分别是多少？"乙听了，又气喘吁吁地重新跑一趟，回来报告："第一家每斤50元，第二家每斤40元。"总经理听了，又继续问道："如果我们要买下全部的马鲛鱼，能不能给予优惠？"乙听后，又扭头想重新跑回去查看。这时，总经理叫住了他，同时吩咐秘书把甲叫来，当着乙的面，对甲安排了一个相同的任务："你到最近的批发市场看看有几家水产店有新鲜的马鲛鱼出售？"甲答应一声，就去了批发市场，回来后，他向总经理做了详细的报告："最近的批发市场一共有两家水产店出售新鲜的马鲛鱼。第一家有20斤，每斤50元；第二家有30斤，每斤40元。第一家的马鲛鱼个头大、品种好，所以不肯让价；第二家的品质不如第一家，但告诉我如果能把存货全部买下，每斤可以优惠5元。此外，这家水产店老板还告诉我，如果觉得不够，可以到临近街区的批发市场购买，他们在那儿也有分店，也能给予优惠价格；如果可以等待，明天还有一批货到达，价格不变……"在甲滔滔不绝的汇报中，站在一旁静听的乙不禁羞愧地低下了头，他终于明白了自己的不足之处。

全能团队的成员都是行业翘楚，都像例子中的员工甲一样，具有比普通员工更强的观察力和领悟力。而全能团队因为是团队合作，所有成员融为一体，互相协调，能够充分地考虑各种可能发生的情况。面对问题时他们的观察更细致入微，解决方法也因此变得更加直接有效。

（三）全能团队的办事效率高

全能团队有一个非常突出的特点就是高效率，而这个高效源自团队的通力合作。这就如非洲草原上靠捕猎为生的狮群，单就个体来说，一只狮子的力量已经是非常强大的了，但狮子们又懂得紧密团结在一起，组成一个群体，那么狮群所迸发的力量就更加惊人，所以狮子们可以在广袤的草原上长期称霸。全能团队就是这样一种"狮群"，强强联手，打造精英组织，为企业单位获取高收益。

（四）全能团队懂得精打细算

由于成员们长期在某个领域内工作，他们善于以低成本来换取高效益。比如组装一台电脑，电脑发烧友会用更低的价钱来得到更好的配置，他们熟知各种品牌的处理器、内存条、显示器，哪个牌子的性能更好，哪个牌子华而不实，这就保证了他们装机的质量和速度。而全能团队就是一群本行业各个领域里的发烧友，他们非常了解当前行业的现状，在达成目的过程中，他们能够在自己负责的工作上找到非常简单有效的方法，为企业节省前期的人力资源投入。而他们经手处理的问题，很少出现需要"返工"的问题，这就为企业的后续管理省去不少麻烦。

（五）全能团队能够制订出详尽的计划

福特汽车公司的创始人亨利·福特曾经说过："我总是以这样的方式去做事，即在开始动手之前，把每一个细节都计划好。"全能团队的成员具有多功能和灵活性强的特点，他们组成的团队，可以保证从行业全局去看待问题，制订发展计划。既不会因为站得太高而失去判断的准确度，又能够根据市场情况做出灵活的改变。从而有效避免了公司的资源浪费，节省运营成本。

"用最少的人去做最多的事"是全能团队最突出的特点，恰恰就是在尽可能低的运营成本下，创造更高的收益。企业单位只要抓住全能团队的这个特点，就能够实现以低成本运营的目的。

▶ **案例诠释：**

杰克曾经在美国的空军部队里服役，曾经参加过多次较为重要的战争，退役之后，他召集了几名曾经并肩作战的战友，向银行借贷了一笔资金，开了一家零售店。起初，借贷的银行并不看好杰克他们，认为一帮当兵的大老粗在零售业上能干出什么大事，搞不好就会亏损，导致贷款收不回来。所以带着这种担心，银行对杰克贷款申请的审核非常慎重，但最后还是在杰克的努力劝说和保证下，批下了贷款。

就在银行的经纪人对杰克的这笔贷款担心之际，奇迹竟然发生了，在短短两年内，杰克和战友们经营的零售店不仅没有倒闭，生意反而越做越大，并在美国几个重要城市开了连锁店。到了还贷日期，杰克来到银行，顺利地将贷款连本带利还给了银行。

想不到他们还真有两下子！但他们是如何做到的呢？带着疑问，银行经纪人向杰克请教他的成功经验。

"很简单，我们组成了一个全能团队，合理分工，用最少的人去做最多的事。"杰克笑了笑，将自己成功的秘密娓娓道来。

原来，杰克将几名入伙的战友像在部队里一样，组成了一个全能团队，并按照每个人在部队里的职务及特长分配了任务。例如爱德华是侦察兵，工作细心，就让他专职进行市场调查及采购，以确定零售店应该进什么商品最为有利；汤姆是炮兵，练成了一身"瞄准"的本领，就让他负责商品的检验及打价；亚历山大是运输兵，于是零售店的货运离不开他；简森是后勤部队，那么财务这一块就归他掌管了……而杰克本身就在参谋部担任军官，所以他在全能团队里无可争议地成了领导者。如此整合之下，杰克巧妙地利用战友们在部队里所练就的本领，恰如其分地将这些本领转移到经商方面，既节省了时间、金钱，也让战友们得到了发挥特长的地方。而部队出来的战士，已经练就了服从指挥的本性，所以也让这个全能团队更加富有机动性，能够节省不少成本。

银行经纪人在赞叹之余，笑了笑，提醒一句："你们创业的时候是做得不错，不过现在你们的事业做大了，在这么多城市开设连锁店，为了及时处理事件，你们肯定要不时开会商讨对策，成本肯定会增加的。"

杰克耸耸肩，说道："不错，但不多，因为我们有秘密武器，可以及时在上面开会，只是耗费点油而已。"

说着，杰克指着窗外一架直升机。

"这就是我们的公司总部，这还是我在部队里学到的一招。"面对银行经纪人惊讶的目光，杰克也笑了笑。

◆ 流程健全，服务成本低

在当前市场环境下，不仅是服务行业要为顾客提供优质的服务，其他行业也需要在接待客户时提供良好的服务。公司要确保在付出一定的服务成本，保证服务质量的同时，实现利益的最大化。要达到这个目的，除了服务本身的质量，服务人员还必须有正确的心态、良好的素养、敏锐的嗅觉、果断的行为，具体可分为以下几点：

（一）善于沟通，建立牢固、良好的人际关系

要在工作上顺利地为服务对象服务，首先就要建立和维持良好的人际关系，因此，拥有良好的沟通技巧，对于服务工作来说是至关重要的。凭着自己的沟通能力，优秀的服务工作者总是能够想方设法做到与服务对象互相尊重、互相信任。而且不仅仅自己能够做到，也能让服务对象意识到这份尊重和信任的重要性，从而在服务工作者和服务对象之间建立良好的人际关系的同时，还能消除隔阂、减少分歧、避免冲突。

（二）主次分明，善于过滤信息

要在服务工作中做到对事物主次分明，靠的是服务工作者高度集中的注意力。凡事都分轻重缓急，服务工作者的内心必须有一把标尺，衡量事情的重要性。而在判断上，服务工作者面对复杂的海量信息，要懂得如何过滤信息，把不重要或者次要的过滤掉，能够避开其他次要信息的干扰，找到最重要的信息，从而进行有效的布控，并将有用的信息利用起来，付诸在实际行动上。

（三）责任心强，不达目的决不罢休

任何一个工作者，无论担当哪一种职务，进行什么样的工作，都要对顾客负责、对单位负责、对自己负责，当他坚守责任时，就是坚守自己工作的义务，坚持自己职业的道德操守。格力集团的负责人董明珠，在视察工作中，一向以严厉著称，对于她所发现的所有不良问题，都要求立马整改，甚至在陪同顾客或者媒体参观格力公司时亦是如此，毫不忌讳任何在场人士，能够当场要求员工进行改正，要亲眼所见达到了要求才算过关。而这一切，都与董明珠所倡导的"让世界知道中国造"的心愿有关，正是凭着这份责任心，才能让格力生产的电器打响品牌，走向世界。

（四）随机应变，快速做出反应

在复杂多变的市场环境中，服务人员或服务团队的工作模式必须比传统的部门反应更迅速，大大提高资源成本的利用率。不同的时间、不同的地点、不同的对象，目标可能都会出现偏差，但不管外界因素如何变化，服务业的工作人员都不能偏离最终要达到的整体目标，即使因此做了一些调整，也要做到"不忘初心"。

（五）明辨是非，只做正确的事

正确地去做事，是工作当中最基本的职业精神，这就要求工作者拥有正确的判断力，不值得做的坚决不去做，值得做的坚持去做。例如政府机关的办事人员，对于接待的服务对象一视同仁，严格按章办事，坚决抵制一切违法违纪行为。

（六）勇于担当，保持高度的责任感

我们时常能从新闻中看到一些国家一旦出现了负面事件，造成了比较大的生命财产上的损失，哪怕是不可抗的天灾，相关负责人就要公开道歉并引咎辞职，这就是一个勇于担当的表现。工作就是对人负责，时刻保持高度的责任感，自觉地把自己的工作和公司的目标、利益相结合，在做事的过程中，对单位负责，也对自己负责，并能主动承担结果。

由此可见，要在服务工作中真正实现高收益、低成本，首先要对工作人员提出诸如以上的严格要求。而全能团队之所以可以实现这一目标，则是因为有以下优势：

（一）清晰的认知能力

正所谓"知己知彼，百战不殆"，在对服务对象付出自己的劳动之前，首先还是要对自身团队所具备条件有一个详细的了解，并根据自己团队的性质、特点、优劣，找出不足之处并加以整改，找到团队发展的潜质和需要，才能够从整体上制定团队对外服务的战略，才能进行有效的、能达到目的的运营工作。

（二）对服务对象及其需求有明确的判断

谁是你的服务对象，服务对象能为你带来多少价值，他们在需求上有什么特点？例如有一家糕饼食品公司需要向产品包装公司订制一批包装糕饼的铁盒，包装公司的全能团队立马行动起来，研究这家公司所生产的需要包装的糕饼的大小形状、重量、特点、保质期限等因素条件，再根据食品公司要求的包装规格进行生产前的可行性评估，如果发现问题，要及时向食品公司报告，并给予修改意见，在双方确认无误、达成共识之后，才交由生产车间进行批量生产。此外，在生产成本上，全能团队也能进行有利于自身利益的评估，尽量做到高收益、低成本。

（三）制订最合适的服务计划

要实现企业单位要求的高效益、低成本的目标，全能团队除了能在服务工作上尽心尽力，保质保量，还善于寻找节约成本、改善服务的最佳办法，并以此制定目标，全能团队在这方面的能力具体表现为以下几点：

（1）从企业单位的整体利益的角度来制定目标

制定企业单位的发展目标，要从整个企业单位全局的利益角度来观察，全能团队因为自身的多功能性和专业性，可以掌握对方的需求与企业单位利益的平衡。如果一个目标对于自己的企业单位弊大于利，那就要进行适当舍弃，不贪图一时的利益，损害企业单位长远的利益。例如一家物流公司收到一个客户的委托，运输一批污染性大的货物。全能团队根据货物的污染性质和运输路线做了一番评估，发现这批货物在运输过程中难以确保不出现泄漏污染成分的情况，一旦出现此类问题，不仅会对周边造成生命财产的损失，还会受到相关部门的严厉处罚。所以尽管客户给出的运输费用非常高，物流公司还是坚决回拒了这个服务要求。

（2）能够根据外界因素的变化来调整目标

全能团队会坚决地执行企业目的，但是在实际操作的过程中，他们有更多的自主性去灵活地掌握局势。人不是机器，所以不能机械化地做事，而是根据情况的变化不断地调整目标。就如前面章节提到的那个案例，制作军粮的面粉不够用，可以代之以玉米面，而最终目标是让准备打仗的将士们吃饱。

（3）牢牢控制目标的关键点

全能团队能够把握工作目标的关键点，这个关键点就是能为企业单位带来多少利益，是否会造成负面的影响，例如上面例子提到过的运送具有污染危险的货物，如何控制污染源就是其中的关键点，如果不能加以控制，全能团队就要重新评估这个服务的可行性。

此外，制定目标还能够凝聚企业单位的人心，因为目标与团队的每一个成员，甚至整个企业的每一个成员都息息相关。

（四）充分利用服务资源

每个企业单位所掌握的资源都是不同的，如何把这些资源合理、充分地利用起来，是全能团队所要注意的问题。例如物流公司接到来自军方的订单，要求运输一批数量巨大的重要军需物资到前线。公司的全能团队会根据自己公司所拥有的运输资源，来评估能够运输的数量、次数、时间等，在客户满意的同时，也让公司付出尽可能少的成本。

（五）了解各个行业中不同的差异

全能团队有足够的能力针对行业差异来制订合适而且有效的计划，在调研、分析、总结的过程中，与客户求同存异。不同的服务对象，会出现不同的要求；而不同的外在因素，也会存在服务工作上的差异。

（1）地域上的差异

世界之大，各地的环境因素都不尽相同，要想在某地立足，进行服务工作，并取得效益，就要遵循本地的特点。

（2）时间上的差异

如服装的款式会根据时代的潮流去变化，服务行业也是，不能一味墨守成规，要根据时间的变化去消除时间上的差异。

（3）风俗上的差异

在服务的过程中，要以尊重当地风俗为首要条件，才能把工作进行下去。

通过以上的几点，全能团队能够增强团队中的服务效能，根据现实的需要在团队内完善组织结构，使团队成员们可以通过交流，弥补一些漏洞和缺陷，从而提升服务工作的水准，使服务工作低成本的同时，能够取得高额的收益。

▶ **案例诠释：**

有一家大型酒店的老板决定要开设一个分店，但由于招不齐合适的人选，新店面的职工除了本部分过去的低级职工，大都是新招的一批职员。很快老板就面临着一系列问题，其中最重要的是分店的大堂接待工作总是出问题，老板短短一个月内处理了好几通高级客户的投诉电话。

老板左思右想，决定从本部选拔一批能力优秀的员工组成全能团队，去支撑新店的发展。这支团队人员大都是从基层一步步升上来的员工，非常值得信赖。

全能团队到了新店后，迅速开展了详细的调查。很快他们就发现了新店所面临的问题，一方面是新招入的员工对公司业务还不熟悉，还需要一段时间培养。另一方面则显得尤为重要，就是目前酒店的服务工作质量并不高，这也是老板最近收到投诉电话的主要原因。在查清现存问题后，全能团队立即投入整改工作中，成员们分散插入分店的各个排班表中。

很快，老板接到的投诉电话就逐渐变成了合作洽谈的电话。

原来这支全能团队不仅着力于改善顾客的接待情况，而且在有客户上门谈合作的时候，他们也有着足够的能力让客户得到一个满意的结果，不论是租用场地还是举办活动，这批团队成员提供的建议和计划都令人印象深刻，整套流程滴水不漏，以最短的时间来打动客户的心。一来二去，分店的声誉就逐渐上升，慕名前来的人也就越来越多。

在新店逐渐发展起来后，全能团队被调回了本部，受到了老板的大力赞扬。他们不仅以极低的成本撑过了新店的过渡期，省去了公司的服务成本，还大幅增加了新店的服务效果，为新店招揽了许多稳定的客源。

Part 3
"四步走"组建全能团队

◆ 全能团队的定位和发展

团队管理专家王超曾经说过："一个人去打拼的时代已经过去了，现在讲究的是团队合作。团队合作会给工作带来意想不到的伟大力量。"

说起团队，其本意就是为了开展工作或为了达到一个共同目标而互相联系在一起的一群人，他们组合成一个团队，共同工作，共同发展。而全能团队是企业中最优秀的团队，打造一支优秀的全能团队是许多企业的梦想。每一位公司的创建者都希望能够拥有阿里巴巴"十八罗汉"、小米"八大金刚"、腾讯"五虎将"和百度"七剑客"那样的全能团队。

打造一支优秀的全能团队首先必须要有明确的定位和发展规划，只有有了明确的定位和发展规划，才能知道找什么样的人，做什么样的事。

（一）组建全能团队是创业成功的必要条件

但凡创业，新生的公司都会根据其服务的行业的工作性质和目

标来决定如何招兵买马，或者召集一群志同道合的人，组建成一支
创业的团队。而在这支团队里，要将所有必须设立的工作岗位考虑
进去，所以必须吸收团队所需的各种人才，拥有顶级的配置才能达
到全能的效果。另外，因为创业伊始，各个工作岗位都需要不同的
人才，由于公司刚刚起步，在一个岗位上一般都不会招收重复的人
手，以节省开支，所以每个团队成员都需要在刚刚建立的公司里起
到独当一面的作用。也正因如此，创业之初的团队内部是团结的、
士气高涨的，这种势头是每一个创业公司都必须拥有的。所以说，
全能团队是创业成功的必要条件。

（二）全能团队确定了公司的发展定位

当全能团队创建起来后，就要立规矩，定目标，只有在团队的
所用成员中定立一个企业共同的发展目标，才能确定好团队工作的
意义。而定立目标的依据，就是根据团队的整体定位来制定的，包
括团队在新创建的公司中应该处于什么位置，由谁选择和决定团队
成员，团队由谁来负责，等等。全能团队是一个公司中的骨干团体，
他们的能力水平和业务方向决定了公司的发展方向，也就是说，企
业要根据发展目标来成立全能团队，这样他们才能更好地发挥作用，
推动企业发展。

（三）全能团队的发展步骤

所以，有人将团队的发展分为成型、震荡、规范、运作和完成等五个步骤：

（1）成型——就是指团队成员之间互相建立人际关系，并定好团队的规矩。

（2）震荡——团队成员在领导者的带领下，参与对工作目标的策划，提出自己的意见并加以讨论。

（3）规范——团队的工作目标和各种规矩通过每个成员们反复认真的讨论，并经过全体成员的一致同意后，在团队中建立行为准则和工作的注意事项，并制定目标。

（4）运作——团队成员们按照制定好的规矩和目标互相协调工作。

（5）完成——顺利完成目标后，对工作进行评估。

为了保证全能团队高效运作，在其成立和发展的过程中，要本着尽量激发个体积极性的原则，来推动团队整体的前进，靠着这五个步骤，全能团队的工作标准基本成型，为推动日后的工作起到了样板的作用。

（四）确定各个团队成员的职责

要组建一个有效率的团队，就必须了解各个团队成员的能力，并把他们安排在恰当的位置上。所以团队领导者要根据各个团队成员的专业技能、性格特点分配工作，并提供必要的培训。根据每个团队成员的优点和缺点，来评估他们在团队里能够做出什么贡献，能够为工作目标的实现做出什么贡献。这就像开一艘船，船长、水手、观测员等人各司其职，才能保证一艘船稳定航行。

（五）全能团队成员应具备的素质

当团队建立起来后，各种工作目标和规矩一一建立，但在实施过程中，还需要全体成员做到以下几点，才能使团队取得成功。

（1）遵守共同的目标

定目标容易，但遵守目标却有一定的难度，这是因为企业创立之初，为了慎重起见，一般目标不会定得那么高，以此为企业留一些后路。但是如果在正式实施的过程中，遇到工作进展比较顺利的情况下，领导者或者团队其他成员就可能会被暂时的大好形势冲昏了头脑，不顾企业还没从创业中积累足够的经验和资本，就贸然修改目标，将目标定得更加高。结果就可能会使初创的公司遇到来自各个方面的危机，严重的还会使公司遭受灭顶之灾。所以，能够在大好形势下做到不忘初心，坚持遵守最初定立的目标，稳扎稳打，才能使公司一步一步地发展起来。

（2）遵守定立的规矩

建团队就要立规矩，规矩是约束团队成员的工作准则，也是团队上下必须遵守的约定，从而做到有规矩所依，赏罚分明。规矩有其时效性和失效性。规矩的时效性指的是随着企业的不断发展，团队的利益也会跟着改变，从而带动团队的工作类型也会产生变化，而这时，有些团队规矩就会显得不合时宜了。所以团队的各个成员要在遵守规矩的前提下，根据时局的发展，在全体成员的见证下，慎重地修改规矩。如果领导者或者其他成员破坏了规矩，却因为某些原因而没有受到应有的处罚，那么这个规矩就失效了，以后在整个团队里就难以再起到服众的作用。这不仅会破坏领导者的公信力，也会在其他方面难以鞭策团队成员，这直接关系到团队的存亡。

（3）明确分工

全能团队要达到全能型，靠的就是在团队里每个成员于不同的团队岗位上所做出的工作。只有做到明确的分工，每个成员都有其相应负责的工作任务，才能发挥出每一个成员的价值。如果工作划分得不够明确，就会造成职责界限模糊，影响团队工作效率。除此之外，如果有些团队成员觉得自己在其他的工作岗位能够发挥出更大的作用，可以向团队领导者提出换岗要求，并经过商议和实践，再做出适当的安排。领导者要在团队成员自己做出决定的同时，保证团队集中精力完成任务。

（六）合理安排工作，避免单打独斗

当一个团队的所有成员能够紧密地团结在一起时，就形成了共同的发展目标，而当共同目标确定之后，就要将实现目标的工作分

092　全能团队：
用最少的人做最多的事

成一个个互相关联的任务，合理分配给每个团队成员。但在工作安排中，有时会出现团队中有些能力比较突出者，喜欢凭着自己的能力擅自行动。而结果就会像足球赛中某些足球运动员只顾着自己运球、带球、射门，不肯把球传给位置更佳的球员，从而白白错失了一些得分良机。要避免出现团队成员单打独斗的情况，领导者或团队的其他成员必须对其给予适当的劝导，使他们意识到团队合作的重要性。意识到跟其他成员怎样合作，才会把工作做得更好。这不仅需要考验领导者的把控能力，也需要在安排工作时，根据各个成员的能力合理分配工作任务。

（七）给予团队成员更多的安全感

任何一个团队的发展，都要建立在团队成员互相信任的基础上，如同在战场上可以将后背交给对方那样。如果成员之间互相存在着猜忌，或者因为工作的分配不均、完成效果不佳而在成员中间形成隔阂的现象，就会造成团队内部出现信任危机。只有依靠正确的沟通，使团队的成员们能够对彼此了解，从而消除误会，建立起相互之间的信任感，才能提高团队的士气。所以，要在信任的基础上营造一种安全感，确保每个团队成员都能受到应有的尊重，确保他们的意见和建议都能被团队领导者所重视，而这种安全感可分为自信、自觉、自由、自主等几部分：

（1）自信

公司创业伊始，虽然全能团队是精英团队，但是团队成员也难免会缺乏自信，对公司的前途表现出担忧，这时要给予其足够的自信，只有树立成员的信心，才能面对挑战和困境。

（2）自觉

当团队遇到困难时，需要每一位成员都能自觉地去相互扶持。所以，在团队的困难时期，不仅要好好完成任务，更要增强团队的凝聚力。

（3）自由

团队中的互相信任，使团队成员形成自主感，能够自然而然地主动维护团队的利益。创业公司有很大的不确定性，同时也存在很大的可塑性，适当地放权，能够让团队成员自由地发挥出自己的才华和能力。

（4）自主

在创业初期，能够让团队成员在岗位上不受领导者过多的干扰之下，发挥出自己的潜能，从而感受到"元老"的待遇，可以极大地调动团队成员的工作积极性和创造能力。

▼ **案例诠释：**

陈总是一个专注于网络视频监控的安防行业开发公司的老板，在公司草创之时，由于网络视频监控这一领域在当时的中国市场上还没形成有规模的发展条件，技术上受制于较为滞后的国家通信技术及网络普及率影响，产业的发展遭遇到瓶颈，所以在这时，许多同行相继倒下和放弃了。

但是骨子里充满潮汕人所特有的坚韧个性的陈总并没有因此退缩。他从公司中精选了相关岗位的精英人才，创建了一支全能团队，专门负责研究、开拓网络视频监控的市场。在成立之初，他对全能团队的成员说道："尽管现在这个行业不被看好，但前景非常可观，你们只要做好自己的工作，咱们公司一定能走在最前头。"然后他将团队成员的职责明确划分，队员们走访、研究、分析整个行情，得知安防行业在中国的年销售额达上千亿元人民币，发展前景巨大。随着社会物质的日趋丰富，市场对安全的需求也将越来越大，在网络科技迅猛发展的大潮流下，传统安防产品终将逐步被淘汰。旧产品市场份额下降的同时，新兴的安防产品——网络视频监控系统必将填补这一真空。

团队成员初步验证了陈总的眼光，受到了极大的鼓舞。于是，在认清发展中的弊端和优势之后，这支团队将走高端品牌的信念坚定下来，向着既定的目标挺进。通过其他队员的调查结果，全能团队的技术人员切中广大客户的需求，将先进网络传输技术投入到生产的网络视频监控系统，从而克服了传统的模拟监控系统的种种缺陷，同时，新产品还具备适合远距离传输、数字信息抗干扰能力强、具有良好的扩展能力、安全性能高、综合费用低、易于管理和维护等诸多优点。

产品好了，销售也变得容易起来，新产品很快成为各行业青睐的抢手货，这支全能团队成员也都成为行业的知名人物。陈总的公司一举突破瓶颈，发展成一家专业从事安防产品的研发、生产、销售、服务及计算机网络系统软件的研发、技术咨询、技术服务的高科技企业。

◆ 全能团队要选对人、用对人

团队是一个整体，在日常运作中都围绕着一个共同的工作目标而工作，并且通过各种激励、合作等手段，使团队爆发出惊人的潜力，创造出更大的效益。如果透析团队这个整体，就会发现整体也是由各个零部件组合而成，这些零部件就是各个团队成员。想要打造一支优秀的全能团队，必须要选对人、用对人，团队中的每一位成员不仅要拥有各种技术才能，还拥有各种不同的性格，即使能力相同的员工，不同的性格也会导致他们在工作中有不同的表现。性格不仅影响着员工本人的工作态度和效率，也会影响整个团队的氛围。所以，在挑选全能团队成员时，必须要对一个人选进行多方位考察。

那么在全能团队里，究竟都需要什么性格的团队成员？他们都能胜任什么工作呢？一支完善的全能团队，必须要选用以下几种人才。

（一）领导者

作为团队的领导者，必须要有大胆的拼搏精神和前瞻的眼光，还要善于制定团队里的各个程序，制定目标。同时，领导者也应该有敢为天下先的魄力，面对困难和挫折，能够冷静地去判断，寻找脱离困境的方法。此外，优秀的领导者还应该善于听取团队成员的意见，并加以分析，将好的意见吸收，并付诸行动。

（二）改革者

全能团队中也应该有这样一类成员，他们的独立性会比其他成员要强，富有想象力，喜欢独立思考和新鲜事物，在工作中喜欢创新。在工作中，他们会考虑得更全面，如果遇到公司的制度或者目标存在不合理的地方时，也会勇于向领导者提出改革的意见。他们是团队的活力保证，需要具有非常敏锐的眼光。

（三）研究者

在信息爆炸的时代，全能团队中必须要有相关的行业分析人员。在团队中，这一类的成员具有很高的分析技能，擅长对一份工作如何高效完成进行细致研究，也会对如何尽善尽美地执行一个方案做出可靠性的评估。他们通常会比较能坐得住，发声不多但都非常关键，能静下心来思考和钻研，从而保证团队在专业性上始终不落人后，一家企业只有走在时代的最前沿，才能避免被淘汰的命运。

（四）协调者

这类成员能够充分认识到团队是依靠整体成员的努力才能正常运行下去的，认识到要提高团队的绩效和竞争力，就要尽力协调成员之间的关系。所以他们在平时做人做事中，能够保持中规中矩，不喜欢在行为上走极端，尽力在所有的团队成员之间建立合作关系。在工作的岗位协调上，他们善于与各个成员进行合作。此外，他们还善于倾听团队里所有人的看法，并能够将这些看法收集起来，进行调查研究。因此，此类成员能够通过协调，凝聚团队的力量。

（五）外交家

这一类的团队成员是天生的交际专家，他们善于对外商业谈判，并总是能够为团队争取到巨大的利益，拿到工作项目合同。而在团队中，他们也善于调和团队成员之间的各种问题。其与协调者不同的地方在于，他们能把握住团队或者企业的根本利益，更多基于理性的思考去进行对外谈话或者对内调解，而协调者则更多使用感性的谈话去维系团队成员的关系。

（六）维护者

充当维护者的团队成员具有高度的灵敏性和警觉性，能够通过各种方法和渠道获得关乎团队利益的信息，并通过这些信息时时刻刻考虑团队的生存环境，并保护团队不会受到外来事物的侵害。此类成员可以解决一些不利于团队工作的问题，对增强团队的稳定性和安全性能起很大的作用。

（七）建议者

团队中擅长提出建议的成员能够为团队的发展提出许多有意义的建议和方案。与此同时，这类成员虽然很有自己的想法，但却从不轻易将自己的观点强加于其他人身上，喜欢与其他成员平等地讨论，并从中得出一个公允的建议结果。与改革者不同的地方在于，建议者偏向于提出新的看法和计划，而改革者更偏向于纠正当前工作中的弊端和制度上的缺陷。

（八）监督者

许多团队中的监督者同时也是完美主义者，在工作上喜欢吹毛求疵，力求尽善尽美，能够非常仔细地检查团队工作的落实情况和结果，并善于在细节上保证避免出现任何差错，从而达到对工作的精益求精。在平日里，监督者非常在意团队的规章制度的实施情况，以及关心工作目标是否在工作中得到落实，从这个角度来说，他们是一个类似监工的角色，但他们考察的方面非常广，是保证整个团队不出乱象的根基。

（九）自我主义者

此类的团队成员，喜欢按照自己的工作方式和节奏去办事，有与团队相近的人生追求。通常情况下，这类成员不太需要约束，他们有强烈的自我驱动力，虽然在工作中看似"自由散漫"，但是能力超强，能提高整个团队的上限，是不可多得的人才。如果能够利用好这类团队成员，就能将他们的优点引向工作的正轨当中。

（十）实干者

实干型的团队成员平时喜欢埋头苦干，能够一丝不苟地完成团队安排的工作，并重视工作的成果。所以，他们的理念就是必须按时按量完成任务，保证所有的任务都能在工作中得到完成，注重生产出来的产品品质，力求全部达到合格的标准。这类成员是整个团队的下限保证，是团队中的基石。

以上的十类角色，各自的特点和功能都不同，有些团队成员还可能兼任，例如既是监督者又是实干者，在团队里，总是能够将自己的工作精益求精、保质保量地完成。其他一些属性相近的角色，例如外交家和协调者，这种角色的员工可以包揽一切对内对外的谈话工作。

组建一支优秀的全能团队不仅要挑选各种各样的成员，丰富团队的多样性，同时也要根据实际情况做出一定的调整，依据不同的组建目的，挑选不同的角色的团队成员。而组建完成后，要如何利用好团队中不同角色的成员，这就需要做到以下几点：

（一）调动成员们的积极性

每一位团队成员都是独特的，这意味着要花费更多的时间和精力，对每位成员进行评估和考量，确保他们能发挥出最大的作用。进而根据每个成员角色的不同特性，充分发挥他们的特长，让团队成员们在突显自己特点的同时，做到职责明确，授权到位。

（二）不同个性的成员合作，增强团队凝聚力

在全能团队里，不同个性的成员能够对彼此存在的性格缺点进行互补，从而提高工作效率和团队能力，这也是建立全能团队的初衷之一。例如建议者提出他关于一些工作上的意见时，可能会因此疏忽了另外一些比较专业的问题，比方说在生产锡制品上，建议者可能只会在这些产品的产量、质量上分析问题，而研究者却能知道锡制品在严寒中会出现化学变化，所以能够提醒建议者在冬天如何避免出现因气候变化而造成的产品质量的损失。

（三）不同的成员组合能使团队变得更加完美

不同类型的团队成员组合，能够提升团队内在的工作动力，从而提高组织决策的效能、增强团队的竞争力。全能团队不能仅

仅只有单一类型的人才，而是要有不同岗位的不同人才。全能团队中的成员都是行业精英，在各自的岗位上发挥不可替代的作用，相互之间只有做到通力合作，互相配合，最终才能高效地完成工作任务。

（四）鼓励团队成员"一专多能"，为团队做出更大的贡献

鼓励团队成员实现"一专多能"，对团队成员进行工作扩大化的训练，鼓励团队成员积极参与各个组织的决策，从团队的工作形式上培养团队成员跨专业的技术能力、思维判断能力、人际关系的处理能力，从而在多方面进一步巩固团队成员之间的工作默契程度，大大提高生产效率和团队整体的经济效益。

（五）选用全能团队时，我们要充分考虑个体的发展可能

在实际工作中，有缺点的人可能会弥补自己的短板，有优点的人也有可能慢慢失去优势。所以，不仅要在团队成立初期全面地考虑队员人选，在团队工作中也要时时根据成员的不同状态变化，来对他们的工作进行恰当的调整，从而最大限度地发挥全能团队的作用。

▼ **案例诠释:**

有一天，蔡总和好朋友庄总参加聚会，席间，当聊起自己公司新组建的全能团队时，蔡总忍不住大倒苦水，逐个数落起自己的员工来：

"小王总是在工作时表现得疑神疑鬼的，就像害怕天上会突然掉下个石头，害怕突然有个抢劫犯闯进来似的。

"小李也很令人头疼，她是个话痨，工作时总是喜欢喋喋不休地说话。

"小张有强迫症，总是神经兮兮，就连一张表也要再三检查，生怕出错。"

庄总微笑着听完蔡总的诉苦后，提出了一个令蔡总意想不到的建议："他们既然是你精挑细选出来的，那么在工作能力上是肯定没有问题的。既然你觉得他们都存在着这么大的缺点，不如让他们换一个职务如何？"

蔡总一听，半信半疑地问："换什么职务？"

庄总利用他们各自的"缺点"，为他们安排了如下的工作：小王担任公司的保安员、小李担任业务员、小张担任会计员。

不久，三个人在工作上都取得了很大的进展，由于小王对什么事都带有敏感的心态，所以他对公司的安保工作表现得兢兢业业，使公司的财产得到了安全保障；小李爱说话，所以能够在业务上表现出健谈的效果，为公司争取到了不少业务；小张有强迫症，在会计工作上能够一丝不苟地保证不出差错。总体来说，这三个人都对新的工作安排相当满意。

　　由此可见，三个人在蔡总口中的缺点，到了庄总眼里，却都可以变成优点，这就是不同领导者不同的眼光和用人之道。

◆ 有野心的团队才有战斗力

拿破仑曾经说过："不想当将军的士兵就不是好士兵。"人生在世，其身处的地位、资产和能力，除了先天赋予之外，还有就是后天靠着自己的努力去争取。纵观历史人物，单以中国来说，每个开创朝代的帝王，莫不是怀着"野心勃勃"的雄心，敢想敢拼，并能抓住一切的机遇去蜕变、去壮大、去发展。时代创造时机，强者、智者懂得抓住时机，哪怕你出身低贱，但只要你把握到机遇，也会像刘邦、朱元璋等贫苦出身的人物一样，开创出一番大事业。

借古论今，在如今这个变幻莫测的信息时代，要想在浩瀚无际、波澜壮阔的商海上建造自己的一艘事业巨轮，就需要组成一支全能的团队。全能团队作为网络时代的创新型、事业型、信息型团队，永远不能缺乏事业的野心和忠于团队的向心力。

（一）打造满怀雄心的全能团队

全能团队必须是一个精英会聚的多功能型的团体，在这种团队的内部需要高素质的团队成员为其发展壮大而努力。而真正高素质的成员，除了发挥出自己高水平的技术能力之外，还要在实际行动上雄心万丈，不能甘于"安分守己"。这是因为在团队创业之初，具有杰出才能的团队加盟者都希望能够借助团队的力量，尽情地发挥自己的才能，而如果团队无法给予他们这个表演舞台，这些团队精英也迟早会解散，各奔东西。所以，只有拥有一群满怀雄心壮志的成员，全能团队才能永远不会甘于现状，永远在事业上力争上游。

（二）打造高度职业化的全能团队

全能团队作为公司最优秀的团队必须拥有专业性人才，也必须高度职业化。充满上进心的成员会把这种职业化变成一种职责，并力求在工作上做到精益求精。在全能团队里，高度的职业化也会使团队成员们形成高度的职业化素养，通常表现在他们的日常工作中，团队成员对自己的要求不能仅仅是做好本职工作，还要在许多工作细节上做到尽善尽美。在这个前提下，团队成员在工作上要尽可能做到不出现任何缺陷。面对工作上的困难，团队成员要感到兴奋，知难而上，每当战胜了困难，都会表现出一种浓重的兴奋感和成就感。

（三）激发团队成员对工作的热爱

全能团队要能够给予成员们发展的平台，激发成员对自己本职工作的热爱，让团队成员产生从"要我做"到"我要做"的态度转变。这样一来，团队成员会主动地把工作做好，并对此而加倍珍惜。有了这一份对工作的热爱，成员们才能全身心地进行工作，将自己的专业优势淋漓尽致地发挥出来、将自己发自内心的热爱投入到自己喜爱的事业，并情愿付出自己全部的才华和精力。在全能团队里，成员们具有"干一行，爱一行"的职业素质，不会朝三暮四地去对待工作，更不会朝秦暮楚地不断变换自己的专业和单位。只有这样，团队成员才能发挥出自己最大的工作效率，真真正正把团队内的一切任务当作自己人生的目标去执行，使团队能够更加快速地达到自己的工作目标。

（四）激发团队成员的职业责任感

作为企业中最优秀的团队，其成员不仅要具备相关的专业知识，还要有相应的职业责任感。每一位员工都应该做自己该做的，做好该做的，珍惜自己的工作，树立良好的职业操守。例如在古董行业市场，古董交易团队中具有高度职责感的成员坚持去伪存真，拒绝以次充好、以假乱真；在服装行业，服装设计师用自己的"灵魂"去设计服装，每一款高档次的作品里，满满都是自己的心血。所以，全能团队能够成为公司中的最优秀团队，必须要激发团队成员的职业责任感，让团队成员一心一意想将自己的事业发扬光大，团队领导也要以高标准要求团队成员，在工作上做到让服务对象满意，让团队合作者满意，从而也让自己的团队迈向成功。

（五）激发团队成员的向心力

向心力就是指团队成员以团队领导为中心而实施团结协作的程度。在全能团队里，在团队领导的带领下，团队成员在工作上需要做到互相默契地配合，面对突发事件，也要表现出高度的理智和冷静。要想在团队里营造这种向心力，除了各个团队成员拥有共同的责任感，团队的领导者的个人魅力也必不可少。在创业之初，团队的领导者往往就是创业者本人，如何建立团队，如何巩固团队，如何让团队发挥出每个成员的作用，都要靠领导者的个人能力去实现。一个能够让团队成员形成应有的向心力的领导，一般都会运用分析性的思维方式去思考问题，采用主次分明、合乎逻辑的方法去解决问题，并能够在解决问题的每个方案中，通过权衡利弊，找到最优的方法。而在为各个团队成员分配任务的时候，管理者善于把完整的工作进行分解，合理地分配给每个岗位上的成员，并能利用现有的资源配合团队来完成任务。

（六）提高团队成员的服从性

在文坛上有一个有趣的现象叫"文人相轻"，意思就是指具备文采的文人时常以自己的才能自居，因此看不起其他的文人，对其他文人的作品百般批评和嘲讽，而其他文人也同样用这种态度去看待别的文人，这样就形成了大家互相轻视的情况。而在全能团队里，一定要避免发生这种"文人相轻"的现象，因为团队成员们只有团结在团队领导的旗下，拧成一股绳，劲往一处使，才能发挥出自己应有的才能。如果发现团队领导的才能不如自己，团队成员们也要采取光明正大的方式去进行良性的竞争，凭着能者居上的心态去争取自己应得的待遇，而不能去轻视领导或者不与其合作。因为高素养的团队成员能够认识到这种不合作是一种非常愚蠢的做法，最终只会作茧自缚，不仅将自己硬生生地堵塞在自我上进之路上，也会给整个团队的利益带来不必要的损害。

（七）建立良性的竞争机制

全能团队是一个精英会聚的集体，在这个集体中，每一个成员都具有高超的技术和业务能力、出色的工作能力。正因如此，这些精英聚集在一起创业打拼，必须要激发出他们互不服输的竞争能力，在各个工作方面与其他团队成员之间进行能力的比较，在方方面面、时时刻刻想着一决高下。这种良性的竞争也是建立在成员互助互利的基础上的，也会为创业团队的发展树立良好的榜样。而作为团队的管理者，也要将自己和其他成员做对比，寻找之间的差距，并在工作中自我反省，自我施压，不断地通过学习实现自我提升。

（八）建立团队的自信心

全能团队几乎是人人精英，他们在长期的工作中已经积累足够的信心，但建立全能团队之后，他们的任务和工作内容相较于以前会有一些变化，难度也大大会增加。这种情况下，想要增强他们的自信，不能单纯地依靠口头鼓励或者物质奖励去建立，那种自信心是脆弱的，而不是他们发自内心的。对于全能团队来说，建立强大自信要靠实际可行的计划，让团队成员看到自己的价值，真正让他们感受到成功的快乐。通过这种方式建立起来的自信心，能在团队内形成一个敢于面对任何挑战的氛围，会使这支团队在面临各种困难时，都能坚定不移地去攻克难关。

▼ **案例诠释：**

"我已经三十多岁了，再不拼搏，以后就没机会了！"

每天早晨，谭总洗漱完毕后，总是会面朝镜子，对镜子中的自己说出这么一句带有警醒意味的话。

自从谭总创建了自己的影视公司以来，他通过招聘召集了一帮志同道合的员工，组成了一支专门制作低龄儿童教育类动漫故事的团队，团队中包括策划、编剧、分镜师、动漫师、配音等岗位角色。虽然是制作低龄儿童动漫，但谭总这支团队的成员却偏向于"高龄化"，年龄都在30—45岁之间，对此，谭总的解释是：一、这个年龄段的员工，已经具备了相当丰富的专业知识经验，能够胜任多项工作；二、自己本身已经三十多岁，跟一群同龄人一起组成个团队工作，在各个方面更容易沟通；三、也就是最重要的，这个年龄段的人说大不大，说小不小，正处于事业成败的十字路口，所以更具有危机感，也更加对事业充满了野心。

事实果如谭总所料，他的全能团队组建之后，立即迸发出强劲的上进心，为了制作出让孩子们满意的动漫故事片，团队成员无不竭尽所能——策划积极走访各个小学，调查现今孩子们最喜欢的动漫风格；编剧参考市面上深受少儿观众喜爱的卡通片，进行角色定位和内容设定，撰写能让孩子们感兴趣的动漫剧本；分镜师根据编剧的剧本，勾勒出生动的动画片分镜镜头；动漫师则配合分镜师，将各个分镜镜头加以充实；配音也时刻密切配合各个环节的成员，熟知了动漫里的角色，配出最佳的音效。工作的时候，大家牢牢记住自己的职责，力求做到最好，哪怕是出现一点点的瑕疵，都肯主动加班加点去改正。例如分镜师有一次辛辛苦苦设定好一个场景镜头，但就在他下班途中，突然又想到了一个更好的点子，为此竟然立即返回公司，熬了一个通宵，将镜头改好。

就在这帮有野心的"中年人"的打拼下，这个动漫团队所制作的动漫作品深受孩子们的欢迎，销量节节攀升。经此一役，谭总和他的全体团队成员受到了极大的鼓舞，在巩固了低龄儿童市场之后，他们仍没有满足，又朝着中学阶段的少年观众发展，并积极吸纳新成员，壮大团队。全能团队心知，中学阶段的观众具有更高的审美能力，口味也更加挑剔，但他们迎难而上，很快就征服了一部分少年观众，在动漫市场中站住了脚。

对于团队和业务发展的节节高升，谭总还是那句老话："我已经三十多岁了，再不拼搏，以后就没机会了！"

◆ 全能团队要与企业优势互补

　　全能团队不是一个独断专行的团队，它高效的特点是要靠整个企业的支持才能发挥其作用的。所以，一个高效的全能团队不仅要善于在内部形成团结的状态，更要善于在工作中与整个企业的所有成员紧紧地团结在一起，与企业所有员工同心协力，相互合作，共同为企业服务，从而打造出一支与企业互补的高效团队。

（一）做好企业内部培训，让团队熟知企业内部情况

　　全能团队都要透彻地知悉企业内部的一切情况以及存在的问题、知悉企业的优势和短板、知悉企业赖以生存的条件等。例如一家进出口外贸公司，它的情况就是规模小，但是人缘比较广；在工作方面的优势就是跟单快、处理突发事件的能力强，但短板是谈判能力稍稍逊色，在工作策划方面也有待进步；因为公司的大宗贸易是以出口服装为主，所以在赖以生存的条件上则是以市场服饰潮流的风向标为准。熟知企业公司的一切情况，全能团队才能凭着团队的特点与企业进行优势互补，扬长避短，才能有目的地按照企业的特点去进行工作和改进。

（二）加强团队精神建设，与企业文化保持一致

每个成熟的企业单位都会有自己的远景目标，例如销售公司，每年甚至每个季度、每个月都会制定一个目标，要求营业额达到一个硬性的数据，而这些目标，都会围绕着一个更加远大的目标去服务。企业的目标明确，能有效地调动全能团队成员的主动性，使大家将目标数字在心里留下一个印记，从而围绕这个印记展开相关的工作，为实现这个营业额而做出努力。除此之外，全能团队还要对企业文化有个深刻的了解，因为企业的发展目标就是与企业文化紧密结合在一起的，深入了解企业文化的内涵，对懂得使用什么方法去实现公司的目标有着文化艺术上重要的帮助。

（三）加强学习实践，做到有的放矢

如何与企业进行互补。全能团队除了懂得与企业进行互补的重要性，更重要的是在实践上做到如何与企业进行互补，只有做到有的放矢，才能互相搭配，工作不累。

（1）在什么时候可以互补

虽说一个企业是一个整体，但在平时，由于企业内部分工已经明细妥当，每个部门的员工都必须一门心思负责本部门的本职工作，全能团队也一样，每个成员都在自己的固定岗位上发挥着自己的作用。只有在出现跨专业、缺人手的情况下，或者出现紧急任务，需要其他部门抽调人手进行支援，才需要在各团队、各部门的沟通之

下进行互相协调工作。否则，不但自己在本职工作中会出现分心，还可能造成越俎代庖的局面。

（2）在哪些地方可以互补

俗话说："隔行如隔山"，业务员再能说会道，在计算机运用技术上也可能比不上程序员；保安再强壮，也会对前台小姐用纤纤玉指敲打键盘的速度无能为力；老总再精明，可能会对自己公司内部成立的全能团队的运作一窍不通。但是，也就是这些看似独立的"碎片"，却能够"拼"出一个完整的、正常运作的集体单位。究其原因，就是全能团队在公司内部起到了互补协调的作用。比方说，负责外贸出口的全能团队谈妥了一个出口合同，需要把产品运到海关，这时具有运输货物功能的采购部就会在全能团队的请求下行动起来，派出人手完成这批产品的运输工作；如果生产部缺少一种生产材料，而这种材料在国内购买不到，外贸团队又能利用自己的专业本领，帮助生产部从国外选购到这种生产材料。

（3）与何人可以互补

在一个企业中，无论其自动化、机械化、网络化达到什么程度，都需要以人为本，利用人力和依靠人的思维去进行布控，作为企业内部精英集体的全能团队更是如此。在全能团队内部或者团队与企业之间，虽然各自运用自己的专业进行本职工作，但是人与人之间还是有一定的交集的。例如细心敏感的财务团队可以为采购团队查漏补缺，专注于市场的调查团队能够为销售团队提供相关的市场信息。正是这种人与人、团队与团队之间在工作上的交集，让公司领导层能够利用各成员之间的互补性，将公司的工作任务协调好。

（四）打造与企业其他员工互相学习的气氛

全能团队与整个企业的各个成员之所以能够在日常工作中实现互补互助，原因还在于互相学习上。学习能够让整个企业成员对自己公司各个部门的工作情况、工种特性和技术有个初步的了解，以便能结合自己的本职工作，在平时的工作中起到互补作用。而全能团队因为其"全能型"的特点，在企业其他部门发挥出更重要的互补性，所以能够在整个企业中制造出一个浓郁的学习氛围，带动了其他部门员工学习的积极性，不仅提高了员工们的自身价值，还提高了工作的质量。

全能团队在平时工作时，要充分利用自身的全能优势与企业各部门进行优势互补，这就为团队创造高效率工作打下坚实的基础。要实现高效率，全能团队还要做好以下几点：

（一）高效就要把握好工作进度

全能团队要实现高效率，就要牢牢把握好工作中的每道程序上的进度，才能使团队成员们在事业上不断地取得成功。把握工作进度的因素包括时间观念、个人技术、互相协助等，每个因素都是牵一发而动全身，只有按部就班地掌握好进度，按照工作的先后次序、合理的团队分工，利用正确的操作方法进行运作，才能实现高效率办事。

（二）高效就要正确地做事

管理学大师彼得·德鲁克曾经提到过："效率是'以正确的方式做事'，而效能则是'做正确的事'。效率和效能不应该偏废，但这并不意味着效率和效能具有同样的重要性。我们当然希望同时能够提高效率和效能，但在效率与效能无法兼得的时候，我们首先应该着眼于效能，然后再设法提高效率。"所以说，一个企业员工在工作上付出了多少劳动，并不能完全用来与取得的成果对比。因为这里面可能掺杂了一些无用功。例如生产流水线上，一些工人由于失误或者不细心，造成了一些不合格的残次品出现，而这些残次品不仅没给单位带来经济效益，反而在成本上损害了单位的利益。反过来，如果一个员工在工作上利用了巧妙的方法，使工作效益出现了事半功倍的效果，那么他的效率就比实际付出的劳动大，也就是说他实现了用正确的办法去做到高效办事。所以，衡量一个工作者是否能保持高效地工作，就要看他是否采取了正确的手段去做事。

（三）高效就要带动其他员工的积极性

高效率办事，一方面给企业单位带来效益，另一方面还能感染企业内其他部门员工的情绪，带动他们工作的积极性。高效率还可以在员工中产生危机感和竞争念头，使他们不甘人后，就如一支整齐的雁群，阵列中一旦出现了落伍者，这个落伍者就会多拍几下翅膀，紧紧跟上，因为落后必将迷失方向，自身就会遭受到危险。在日常工作中，例如流水线上，一旦一处工作点出现延迟，那么就会拖累整个流水线，也迫使延迟者不得不加快工作速度，将延迟的时间弥补回来。

（四）高效就要拥有凝聚力

高效率源自凝聚力，凝聚力是维持团队合作及与企业各部门合作的必要条件，只有做到团队成员与企业其他成员紧密结合在一起，才能发挥出高效率的作用。那么，如何才能在团队和企业中形成凝聚力呢？那就必须做到以下几点：

（1）善于沟通

沟通是实现凝聚力的首要条件，只有互相知晓各自的能力和意向，才能实现高效。

（2）言行一致

制定好的目标就要以实际行动去把它完成，坚持今日事今日毕。

（3）能够接纳不同的意见，求同存异

不同的意见也是为了达到高效率工作而不可或缺的修正性条件，吸取不同的意见，才能发现工作中所出现的一些问题，从而避免出现无用功。

（4）做好本职工作

将本职工作做好，用自己的成绩说话，才更有说服力，才能凝聚各种对自己有帮助的力量，使自己的高效率继续保持下去。

（5）遵守公司的工作要求和规范

每一个工作，都会有自己的一套工作要求和规范，只有遵守公司制定的标准，才能与每个成员的力量凝聚在一起，创造出高效的工作结果。

总而言之，要打造一支能与企业各个部门起互补性作用的高效团队，首先就要团队成员们以身作则，熟悉公司的目标、文化和现状，再积极主动地与企业各个部门进行工作上和生活上的沟通，形成一股互补性强的凝聚力，就能在工作上发挥出高效率。

▼ **案例诠释：**

有一天，某公司的领导黄总突然召集了几名员工，宣布组建一支全能团队，并由他亲自挂帅，平时的工作任务就是协调各部门的工作，利用自身的优势与各部门进行优势互补。

黄总郑重其事地对他们说："你们都有自身的优点，我看中你们的一些可塑之处，所以将你们组合起来，在更加正确的岗位上，用更加正确的方法来为公司做出贡献。"

于是，全能团队就这样组建起来，并投入实际工作中去了。开始，公司上下都没把这支全能团队放在眼里，都当作老总闹着玩儿的，劲头过后，没有发挥出作用就会解散，可没承想，自从全能团队投入工作后，全公司的业务增加了，错误减少了，员工的积极性提高了，而且各部门员工跟全能团队成员通过交流后，还学习到了许多知识。

原来，黄总了解到公司各个部门的员工虽然对自己的工作比较熟练，但却因为总是闷在一个小圈子里，无法将自己的优势继续拓展下去，而且所犯下的错误，也因为"当局者迷"的原因，没有及时更正过来，从而使公司的发展迟缓下来。在全能团队成立之后，团队内部通过沟通实践，了解到了各个部门的疏漏之处，然后派出团队成员进入各个部门进行协调。

市场部的人到了生产部，告诉他们现在的消费者的心理，帮助他们做出一些调整；反过来生产部又告诉销售部的人，公司产品在生产中有哪些小优势，方便他们与客户谈判；销售部又跟文案策划部说哪些活动和文案宣传效果好，客户一下就能想起来。每个部门都得以补充学习，扬长避短。而团队成员中，也学会了如何利用每个成员的优点和特长去实现自己的才华，并对其他成员产生了更深的理解，增长了大家的默契。在管理方面，黄总因为善于用人，使团队成员们发挥了自己的工作才能，团队成员对黄总产生了感激之情，这种情谊化作一股凝聚力，使全能团队形成一块坚固的"铁板"，并因此还感染到了企业其他员工。

在用全能团队促进了公司的工作效率后，黄总趁热打铁，继续以自己的全能团队的高效率为榜样，去带动整个公司的工作也实现高效率运作，使公司的业绩在短期内就翻了几番。

Part 4
激发全能团队的高效基因

◆ 沟通迅速：多交流，少开会

全能团队能够发挥出高效率的工作基因，不仅因为其拥有良好的职业素质、扎实的专业知识、敏锐的商业触觉，还要具备沟通技巧，只有做到有效沟通、高效沟通，才能将其良好的工作基因淋漓尽致地显现出来。

（一）什么是沟通

沟通就是在人际交流当中，通过演讲、对话、信件、网络、暗示、广告、肢体语言等多种方式，将彼此心中的想法告知对方。说白了，沟通一方面是信息的输出，一方面是信息的接收。所以，沟通就是双向的，是一个信息在发出者和接收者之间双向流动的一个过程。对于全能团队来说，沟通有利于成员们分享工作进展，同时也是一个分享经验、互相学习的手段。

（二）沟通的重要性

沟通最重要的目的就是保证交流中的各方能够准确地从参与沟

通的每一方那里接收到正确的信息、清晰的诉求。在现实环境中，沟通无所不在，一般人每天都要与许多人打交道，例如跟家人在生活中需要沟通、跟同事在工作中需要沟通，甚至在商店购物时，跟店主的讨价还价也是沟通。对于全能团队来说，如果不懂得沟通，那这名成员就不能融入团队中，这就意味着这名成员不仅很难得到其他人的帮助，也不能对别人的工作起到应有的作用，那全能团队就没有组建的意义了。

（三）如何才能做到沟通迅速

要做到迅速沟通，关键是要确保沟通渠道能够畅通无阻，要做到这一点，就要在团队里建立沟通机制。一般来讲，沟通机制包括沟通时间、沟通地点和沟通方式等，使团队各个成员之间都能够及时听到彼此的信息，也能够了解到领导者的决策和团队运营的信息。只有良好的沟通才能令团队如臂使指，从而提升工作效率。

说到这里，也许很多人会认为，要达到沟通的目的，就要多开会，以达到多交流的效果。但是，多开会就能实现这个效果吗？我们可以做以下分析：

（一）因何要开会，开会的目的是什么

通常来说，开会就是召集团队成员，共同在工作中寻求理解，交流信息，以求达成一致的意见。而对于不同的意见，也要开会商

讨如何做到求同存异，分析不同意见的利害关系和建设性，并说服异议者，在与会者中间达成一致。所以，开会的最终目的就是解决问题。

（二）开会是否解决了问题

知道了开会的目的，那么开会是否能起到解决问题的作用呢？不可否认的是，许多企业单位的领导喜欢开会，但在会议上忽视了实际交流，喜欢使用空虚的说辞，长篇大论，尤其是某些领导，喜欢用冗长的发言来显示自己的见识和博学，这样的结果就是往往在形式上开了会，但是却没有取得什么有价值的成果。其实，这是一个非常愚蠢的做法，冗长空泛而又没有中心思想的讲话是全能团队的成员们最反感的，成员们喜欢领导在每次交流中都能够以清楚简洁的话语去直奔主题。如果在开会沟通中，表面的形式主义更多于实际要讨论的工作内容，那么宁愿少开这样的会议，因为它占用了大家的工作时间。只有领导与员工们在沟通时要注意单刀直入，紧密围绕工作主题，这样的会议才能真正解决问题。

（三）开会是否疏漏了问题

开会除了能够开得有价值，能够解决问题外，同时，团队领导者还要确保讨论的议题没有出现漏洞，所具备的材料是否充分，如果含混不清或者杂乱无章，在交流时也会影响沟通的效果。例如有一座城市，为了解决冬天用水紧张的问题，几位城市领导召开了多次会议，将引水工程的一些细节考虑进去后，就觉得是万无一失了，于是脑袋一拍，就投入了巨额资金铺设水管，将附近一条河的河水引入城区。可是就在大家满怀期待地等待河水引过来时，却发现由于忽略了冬天寒冷的原因，水管里的水被冻住了，结果就是整个工程的成果都打了水漂儿。所以，在会议上要给全能团队充分的发言时间，让每一个全能队友有各抒己见的机会，广泛征求意见和建议，才能避免这种尴尬局面的出现。

由此看来，只一味利用开会来解决问题，存在着很大的局限性，要想促进全能团队的沟通，就要打破会议的界限，从日常工作的环境开始，无时无刻地让交流畅通无阻。最大限度地激发团队的沟通能力，让团队工作顺利完成，必须要做到以下几点：

（一）正确认识和理解沟通

如果团队在沟通过程中没有正确认识和理解沟通的真正意义，没有熟练掌握和运用沟通技巧，造成信息的接收者无法理解发出者所要表达的观点，那么这样的沟通就是无效的沟通。正如微软前副总裁李开复曾经说过的那样："有一些优秀的年轻人，他们有聪明的智慧和吃苦耐劳的精神，而且他们的工作能力突出，成绩优异。但是，他们的研究成果无法得到同行的认可，最主要的原因就是他们缺少有效的沟通方法和沟通技巧，不能把自己的研究成果用准确的语言进行表达。"作为团队成员，如果沟通能力不足，就很难构建出一个良好和谐的人际关系，从而影响到成员之间的合作。而如果能够与各个成员实现正常有效的沟通，那么这名成员就能够获得更多的成功机遇，实现个人的目标和团队的目标都会变得更加容易。

（二）沟通时要注意哪些问题

善于沟通的人都具备比较强的语言表达能力，可以把自己想要表达的内容清晰地表达给对方，从而让沟通更加顺畅。短时间内不可能让所有全能团队的成员都成为沟通大师，但可以通过一些关键技巧培训，来让全能团队成员掌握一些沟通的关键技巧。要成为一个善于沟通的人，需要做到以下几点：

（1）尽量使用通俗易懂的语言和表达方式

在与人交流时，切记不要为了显示自己的所谓"才华"，在沟通中故弄玄虚，卖弄文采，甚至还使用一些连自己都没有完全弄明白的言语，以免与对方造成不必要的隔阂。

（2）在沟通中积极主动

在平时的人际交往中，能够通过沟通交流解决问题，很大程度上取决于沟通一方的主动性。如果在沟通中主动向对方示好，主动征求对方的意见，对方就会感受到你的真诚，之后的交流就会更加顺畅。

（3）注意控制自己的情绪

人们在沟通的时候，比较容易受到自己当时的情绪的影响。比如工作者在工作压力过大的时候，会出现烦躁心情，以至于没有耐心地完成沟通工作；在情绪低落的时候，会在沟通中对许多问题表现出漠不关心、缺乏重视的态度；在对交流沟通的对象带有偏见时，会表现出某种程度的盛气凌人。这些都是沟通交流中不利于全能团队高效工作的因素，会使正常的交流陷入僵局，以致无法再继续开展下去。所以在沟通的时候，要先调整好自己的情绪，去除心中多余的杂念，以尽量平和的心态专注于眼下的沟通，这样才能保证沟通的效果。

（4）沟通时要注意观察对方的情绪

在沟通交流中，有时会遇到情绪比较差的沟通对象，不得已的时候，要提出善意的提醒。此外，还应该充分调动自己的思维，引起对方的注意力，使对方保持对所沟通的话题的兴趣，让沟通能够按着有建设性的方向顺利地进行下去，从而避免出现冷场的情况。

（5）对不同的人采用不同的沟通方式

一个人的性格是很难改变的，对于不同性格的人，如果在与其交流的时候，采取与其格格不入的交流方式，或者刻意想去改变他们的性格，就会引起他们的反感。所以在沟通交流上，要因人而异，采取不同的交流方式，以符合他们性格的那一种方式去交流沟通，这样才能取得事半功倍的效果。

（6）营造良好的沟通气氛

在沟通时，首先要营造出一种热情、友善的氛围，让对方感受到你的热情和对他们的重视。良好的气氛还会让对方放松戒备心理，产生友谊，让往后的工作进程更加顺畅。

（7）消除偏见

在日常上级与下级的交流时，造成沟通不畅的一个重要原因就是领导者在与员工沟通的时候，会油然生起一种天然的优越感，使双方在交流时不能平等地说话。偏见不仅让领导者无法与下属坦诚相待，也会让下属在沟通过程中产生负面的情绪，给双方的正常沟通带来阻碍。如果在团队里不能进行有效的沟通，就会在成员之间产生误解、摩擦、内斗、敌视等不利因素。因此，沟通的双方都应当消除偏见，开诚布公地交流沟通，这样才能提升工作效率。

（三）沟通中要注意哪几点表达方式

在领导与团队成员、成员与成员之间的沟通中，大家的目的都是高效地完成工作，因此，沟通交流不仅要注意方法，还要注意以下几点表达方式：

（1）放下架子，一视同仁，将交流对象当作平等的朋友对待。

（2）无论身处何时何地或者何事，无论正在受到什么外来事物

的干扰，都要在工作的沟通交流中，尽量控制好自己的情绪，不要表现得不耐烦。

（3）不要在言语中出现顶撞和抵触。

（4）不要话不对题，或者带有含沙射影的意思。

（5）认真听取意见，哪怕意见是错误的，也要平心静气地通过讨论来纠正。

（6）学会耐心倾听，在交流问题时要多征求别人的意见，不要先入为主，而要在双方互相平等的角度上讨论。

（7）不要在还没达成统一意见的时候就匆忙下结论。

（8）不要以自我为中心，过多地把注意力集中在自己的身上，影响他人在沟通交流上的情绪，从而让沟通造成障碍。

综上所述，掌握了沟通技巧，就能在团队中创造出一个快乐和谐的工作氛围。与此同时，沟通还能提升自己的个人工作效率，使自己在团队中发挥应有的作用。

▼ 案例诠释：

一间历史博物馆要新建一栋大楼，用以存放新增加的文物展品。招标工作很快就开始了，到了最后，只剩下三家建筑公司竞争。为了能够在最后也就是最关键的时候击败对手，揽到这个工程，三家公司都使出浑身解数，力求在招标工作中脱颖而出。

这三家建筑公司的实力相当，而竞争的方式也不尽相同：第一家拥有一批精英建筑设计师，能够为博物馆的新大楼提供许多富有创意和时代感的设计方案，于是，他们就在设计上下功夫；第二家拥有多名富有经验的建筑师，能够以最好的质量建好博物馆的新大楼；而第三家公司却在各方面都是平平无奇，而且规模也是这三家公司中最小的。

但是，最后的招标结果却是新大楼的工程项目被第三家公司所夺得。究其原因，就是第三家公司更懂得沟通。就在前两家公司忙着向博物馆介绍自己的设计方案有多好、建筑质量有多高时，第三家公司针对这个工程项目，快速地组成了一支全能团队，力争在不利的情况下争取到项目。

全能团队在迅速沟通的前提下，制定了几个任务，并让团队成员分头执行：一、以每一个与博物馆相关的人物的实际要求出发，对他们进行迅速而又仔细的实地采访，为此，负责这方面任务的团队成员从博物馆的领导层、工程负责人、员工甚至是来博物馆参观的游客的口中，来了解他们需要怎样的大楼；二、派出团队成员通过实地考察，得知有哪些展品将入驻新的大楼内，根据展品的特点和所需的保护措施确定建筑材料和风格；三、勘察准备兴建博物馆的地址的周边环境的特点，并计算人流量以及日晒雨淋、严寒酷暑的情况下，博物馆建筑应该具备什么特色和风格更为符合；四、驻守大本营的团队成员根据各个成员的汇报，迅速设计出了与之相符的馆内设计图案。

　　一切准备就绪之后，这家建筑公司凭着全能团队提供的有效的、实质性的沟通以及最实际的方案，最终打动了博物馆各个人员的心，从而夺得了这项建造博物馆新大楼的工程。

◆ 快乐互助：群策群力，效率为王

俗话说："人心齐，泰山移。"集体的力量永远比个人力量更强大、更全面。在全能团队里，想要让每一件工作都能够群策群力、同心协力地去完成，就要求每一个团队成员都要有团队意识。虽然能进入全能团队的每一个成员，其工作能力都是毋庸置疑的，但是成功的团队不仅强调个人的工作能力和业绩，更注重团队整体发挥出来的效率。

（一）打造团队精神，增强团队成员协作能力

在如今的时代，一味强调个人力量的重要性、个人作用的观念已经不合时宜，逐渐被时代所淘汰了，取而代之的是团队精神。一个人的专业知识再多、智慧再高、工作能力再强，如果靠他单枪匹马地去拼搏，无论如何努力地工作，也无法创造出一个高效团队所能创造的价值。团队精神是一个团队组织拥有相同的目标和价值观，并为实现这个目标、体现这个价值观而做出的精神表现。在一个团队里，大家心里装着的是集体的利益，脑子里想着的是如何为团队

做贡献，目标一致，团结协作，具有不达目的不罢休的精神，这就是团队精神。所以，一个企业要成功，需要的不是个人英雄主义，而是一个强大的全能团队；而要使团队变得强大，就要打造能够提高工作效率的团队精神。

（二）认清团队优势，团结每一位成员

佛祖曾经问弟子们一个问题："如何才能让一滴水不干涸?"弟子们于是苦思冥想起来，甚至动手试验，力求一滴水能够不被蒸发，但都失败了，于是只好重新回来请教佛祖。佛祖答道："把这滴水放入大海里。"确实，一滴水只有放入大海，才能永不干涸。所以，一个人只有融入团队，自身的才华和能力才有处施展。瑞士心理学家荣格曾经列出这样一道公式：I+we=full，这道公式如果翻译成中文就是：我+我们=完整的我。这句话的意思指的是一名团队成员只有把自己融入一个团队中，才能将自己的个人价值最大限度地展现出来。所以，全能团队是一个人发挥自己作用的舞台，也只有在全能团队中，个人才能实现人尽其才。

（三）培养团队意识，发挥出每个人的力量

比尔·盖茨曾经说过："在社会上做事情，如果只是靠自己单枪匹马地去战斗，不靠集体或者团队的力量，是不可能获得真正的成功的。因为现在毕竟是一个竞争的时代，如果我们懂得运用众人能

力和知识的汇合来面对每一项工作，将无往不胜。"由此可见，成员的个人发展离不开团队，只有全能团队做强做大了，团队中每位成员的才能和潜能才能够得到更好的发挥，个人所追求的人生目标和梦想才能有机会实现。在现实中，个人的力量毕竟是有限的，哪怕这个人有经天纬地之才，其创造出来的事业可能也只是短暂的、不完美的，充满了缺陷。只有依靠团队或者带领团队，借助团队的力量，依靠团队成员的支持和帮助，与团队一起打拼、一起成长，才能形成一股强劲的力量、才能形成一股充满活力的势头。所以，要让全能团队的成员意识到，依靠个人的力量取得的成功是非常有限的，而依靠团队的创造性、可持续发展的力量，能取得更大的成功。

（四）群策群力，在工作中实现高效率

微软公司有一句名言叫作：没有永远的老板和员工。因为微软公司认为，老板和员工在一起不仅仅是为了工作，更是在一起分享工作中的成功和失败，品尝工作中的酸甜苦辣。所以，这些理念造就了微软公司的团队具备非常强大的高效工作意识，在工作中发挥的效率也非常高。而全能团队想要在工作中发挥高效率，具体要做到以下几点：

（1）团队的目标要明确

制定好目标，利用团队精神为鼓舞，鼓励全能团队成员朝着目标不断努力。这些目标必须是具有可操作性、可持续性、可发展性

的，而且必须与全能团队成员的利益牢牢关联在一起，这样才能使成员们形成一致的共识，为实现目标而奋斗。

（2）注重团队里每个成员的重要性

虽然单靠一个人的力量是无法与全能团队整体的力量相比的，但是在全能团队里，每一个成员的力量都是巨大的，这也正是因为依靠了团队的力量。所以，重视全能团队里每一个成员的重要性，就能将这个成员的潜在能力激发出来。用团队精神激发每个成员的主动性，使每个成员能够感受到自己在团队里的重要性，从而油然生起自己的荣誉感，从而与其他成员的力量结合在一起，形成一股更加强大的团队力量。此外，注重团队里个体成员的重要性，还能使成员们在团队精神的鼓励下，不断提高自己的能力水平。

（3）强调团队成员们互相合作的重要性

团队精神讲究的是合作互助，为了团队的共同利益和目标去团结工作。因此，必须利用团队精神，在全能团队中营造出一种互助互利的工作氛围。在这种氛围内，全能团队成员互相学习、互相帮扶、互相支持，在工作上遇到问题互相鼓励、互相沟通，并能甘当配角，形成一股积极向上的士气。

（4）团队精神能提高成员们的自律性

团队是一个整体，必须依靠团队内每个成员在各自的岗位上发挥其作用，才能共同发挥出团队的工作效率。所以，每一个成员的工作效率都影响了整个团队的工作效率。合理利用团队精神，给予全能团队每个成员以物质和精神上的激励，才能促使整个团队的每个成员在工作中对自己的行为产生一个约束的意识，养成必要的自律性，为创造一个良好的工作环境打下基础。

（五）在团队互助中也要注意一些相关问题，避免陷入误区

需要说明的是，全能团队中出现的快乐互助不是单靠一时的头脑发热，或者一时的激励所迸发出的在一定时段中所形成的工作激情，而是要在团队工作中经过了共同合作，共同进退所产生的友谊，才能达到的。这种友谊使全能团队中各个成员形成了群策群力的工作效果，使团队能够高效地运行下去。但是，这种友谊也是有几点需要值得去注意的问题：

（1）不要盲目追求所谓的"高效"

高效，应该是在全能团队里健康、正常的运作中得到的，而不是一味地靠加班加点、牺牲团队成员的利益、走旁门左道等手段去实现。工作效率是指时间与任务完成度的比例，工作时间长和工作完成得好不是一码事，真正提高工作效率要制定良好、健全的规章制度，调和每个成员的合作关系，从而使团队把任务完成得更快更好，提高成员幸福感的同时也让企业获得更高的利润。

（2）个人利益要服从团队利益

要懂得团队利益是个人利益的基础和保障，如果发生冲突，个人利益要服从团队利益，这样才能使团队利益达到最大化，以此来

实现个人利益的最大化。而在这个服从团队利益的过程中，不能仅仅靠个别成员牺牲个人利益去实现，而是要全能团队中的每个成员都能承担起这个职责，用每一个人的利益去为团队的发展谋利益。

（3）团队成员要具有无私奉献的精神

快乐地互助就是心甘情愿地互助，在团队这个集体中，全能团队中的每个成员都要具备无私奉献的精神，为了团队利益，懂得做出一些无私的奉献，而不是一味想着付出就一定要有回报。此外，每个成员都要懂得分寸和取舍，遇到困难要共进退，而不是互相推诿。只有做到精神上的无私，才能在工作上做出无私的奉献。

（4）互助不能混淆职责边界

全能团队的成员都非常优秀，可能会有"一专多能"的人才，他们的能力可能较其他成员更强。但每个成员都有自己应尽的职责，其他成员即使有更好的想法，也要提出来经过商讨再做决定，而不能越俎代庖。一来保证每个成员都能有自己的工作想法和方式，二来防止全能团队内部产生矛盾。因此，在互助的过程中，要始终保持成员对各自职位的责任心，明确个人职责的同时，团结合作去完成工作任务。

通过以上几点可以看出，只有群策群力，全能团队才能不断地提高工作的效率；只有快乐互助，才能让全能团队的工作氛围更融洽。

▼ **案例诠释：**

　　喜欢历史故事的李总非常敬佩朱元璋，认为他成就帝业的故事非常值得学习。朱元璋原本只是一个贫苦人家出身的孩子，为了生存，当过放牛娃，当过乞丐，当过和尚，最终竟登上皇帝的宝座，开创了大明王朝。能逆袭到这个地步，跟他善于用人、打造出了一个优秀的团队是分不开的。

　　为此，李总也打造出了自己的一支创业全能团队，他花了大量的时间去挑选优秀的人才，在招聘过程中详细考察每一个人。皇天不负苦心人，最后成型的团队中拥有各个岗位的熟练工作者，业务能力和个人品质都非常值得信赖，一如朱元璋手下众多的文臣武将。很快，对他们的第一次考验就来了——公司接了第一个项目，这决定了他们能否打响第一炮，在行业中站稳脚跟。李总亲自担当团队的领导者，经过几次会议，每个人都表达了自己的意见，李总参考整理之后，将任务迅速派发下去，策划出方案，业务员谈合作，财务负责收支……这支团队展现出了令人吃惊的成熟度，完全不像是一个刚刚组建的团队。在整个项目过程中，大家不仅分工明确，将任务完成得非常漂亮，遇到难处时也都互相体谅，不论是在工作上还是生活上，大家都相处得非常融洽。

　　依靠这些有利因素，李总的公司出色地完成了这个项目，得到了客户的赞许。不仅让公司从此走上正轨，给大家带来了极大的信心；也让整个团队声名鹊起，短短几年内就成了行业内小有名气的团体。

◆ 反应迅速：掌控时间，做好规划

在当今世界上，凭借着网络时代所带来的高速度的信息传播，人类社会无论是在生活还是在工作方面，都进入了一个快节奏的生存状态。因此，人们对于时间的掌控和珍惜程度，都超出了以往历史的任何一个时期，尤其是在竞争激烈的商业场上，对于时间的需求更是如金子般的珍贵，只有拥有正确的时间观念，把握好时间的安排，才能在工作和事业上闯出一片天地来。

网络时代的来临，对于每个企业单位都充满了机遇和危机，而作为全能团队，面对变幻莫测、转瞬即逝的一个个时机，急需在掌握好自身的本领、不断学习进步的同时，适应时代的特点，强调在信息共享的网络时代的基础上，凡事都能迅速行动、迅速执行，以此通过成员们的协同奋斗，创造出团队新的成绩。全能团队作为企业的精英团队，对企业的发展起到引领作用，因此全能团队需要更敏捷、反应更迅速。而全能团队想要在变幻莫测的市场环境中快速反应，就必须做到以下几点：

（一）不仅要与世界同步，还要具有超越时代的精神和魄力

面对咨询信息迅猛发展的网络时代，平庸的团队安于现状，优秀的团队紧紧跟随世界发展的脚步，而出色的团队则具有超越时代的精神和魄力。全能团队就是一支出色的团队，他们认为，仅仅与世界同步是不够的，必须走在时代潮流的前头，才能在工作上先于他人去达到成功。所以，敢于超越时代的团队勇于创新，敢于在未知的领域中打下一大片更宽广的发展空间，并能在团队的工作效率上实现质的飞跃。

（二）对网络市场经济具有灵敏的嗅觉

速度决定团队发展的优势，决定了团队对市场经济先知先觉的灵敏度。尤其在这个充斥着五花八门的咨询、信息大爆炸的市场经济时代，更需要全能团队在这些众多的、混杂的信息中搜索出对自己企业及团队有用的信息，并加以分析、制定方案、确定目标，然后坚决执行。如果对信息所要表达的意思没有灵敏的嗅觉，就不可能找到正确的发展目标。

（三）充分管理好时间，保持良好的时间观念

英国著名的作家赫胥黎曾经说过："时间是最公正的，一天给予任何人都是二十四小时；时间也是最不公平的，一天给予每个人的都不是二十四小时。"在这句看似自相矛盾的名言中，我们可以知道

一个人对于他的时间掌控所达到的程度，因此如何管理和利用时间，在某种程度上决定着一个人所拥有的可支配的时间的多寡。

一寸光阴一寸金，时间是世界上最宝贵和最稀缺的资源，对全能团队来说，时间的把控非常重要。而想要管理好时间，提高全能团队的工作效率，要做好以下几点：

（1）加强沟通，避免浪费时间

雷锋曾经说过："时间是挤出来的。"并因此创造出一个"钉子精神"。诚然，在快节奏的时代，时间的利用效率决定着办事效率的优劣，如果能在生活和工作方面改正懒散拖沓的坏习惯，去除拖延症带来的不良后果，增强自己的自觉性和自律性，就能有效地利用时间进行工作。全能团队作为公司的精英团队，更要最大限度地提高时间的利用效率，把控好每个工作阶段所需的时间，成员之间也要加强沟通，避免做无用功，浪费宝贵的时间。

（2）提高时间利用率，用最短的时间做最多的事

著名的数学家李四光曾经有个很有名的"沏茶理论"，他分析了在沏茶的时候，如何运用合理的安排，有条不紊地分别进行烧水、洗茶叶、沏茶等步骤，节约了时间的同时，也发挥出了更大的工作效率。在全能团队中，不仅要做到分步骤、分阶段地安排工作，还要懂得合理分配时间。例如，全能团队接到了一个项目，这个项目需要分成五个步骤来完成，但是其中有一个步骤与其他步骤关联性不大，可以与其他步骤同时进行。这样一来，团队相当于用了四个步骤的时间完成了五个步骤的工作，最大限度地提高了时间利用率。所以，只有在工作时认识到如何提高时间效率，才能将时间的价值最大限度地发挥出来。

（3）最大限度地利用时间进行自我增值

时间在流逝，信息量也在增长，新的知识也在不断地增加和更新。对此，全能团队要想超越时代，就必须每时每刻捕捉最新的咨询，并充分合理地利用时间去学习，据为我用。例如，翔云室内设计公司在初创时期就成立了全能团队，团队成员不仅能够高效地完成公司安排的工作，还能够时刻跟进最新行业信息，了解当前室内装修材料、国内外流行的设计样式、设计软件的新功能，并且经常组织学习。在一次大型招标活动中，虽然另外一家老牌设计公司在资历和体量上都要比翔云设计公司强，但是，翔云公司最终还是凭借着出色的设计方案、优质的家装材料和高效的装修方式胜出。由此可见，牢牢掌握最新的科技信息，才能克敌制胜，在短时间内实现自我增值，在市场竞争中立于不倒之地。

（4）反应迅速，立即行动

曾经在一部武打片电影里，有一句台词叫作"天下武功，唯快不破"，在当今网络时代社会经济中，市场变化迅速，有时即使知道了行业信息，也会因为各种原因来不及改变。但是，全能团队作为公司中最优秀的团队，有足够的自主性，因此在市场出现变化时，要快速做出反应，更早地制定好行动方略，更早地付诸行动。只有这样，才能在市场竞争中立于不败之地。

（5）提高时间管理能力，避免做无用功

在一些企业单位中，时常会出现这样一种现象，有些员工每天都在忙碌地工作，几乎将所有的精力和心思都花在了工作之上，可是与其不对称的是很少在工作上做出好的成绩。这种看似奇怪的现象，其实只要详加分析，就能查明这主要是因为没有抓住工作的实质，没有抓住工作的重点，反复地做着无用功。所以，要想提高工作效率，就要懂得如何去工作，减少和避免出现无用功。

在全能团队中，要提高成员的工作能力，将任务快速完成，抢占先机，就要提升成员们对时间的管理能力。这不仅需要管理者自身具有良好的大局观，更重要的是对团队成员要求严格，让全能团队的成员做到以下几点：

（一）坚持做到不迟到、不早退

守时是职场道德的最基本要求，也是对自己时间观念的考量。如果能够合理地安排好作息时间，有一个用心负责的工作态度，就能轻轻松松地杜绝迟到早退等现象。作为全能团队的成员更要在这一方面严格要求自己，尽量避免因迟到、早退耽搁工作任务，给团队和公司带来损失。

（二）坚持按时、按质、按量地完成工作

在工作中，每个工作岗位都有一套硬性的生产规定，对工作的时间、生产产品的质量和数量都有明确的要求，岗位员工只需按照这些要求，按部就班地发挥自己的工作效率就行了。但是就是如此简单的规定，如果长时间坚持下去，可能也会产生一些分心、拖沓的毛病。全能团队的成员，虽然是行业精英，但是更需要培养自己的毅力，不断提升自己的责任感，才能将简单任务不简单地执行下去。

（三）分清事情的轻重缓急

在工作中，按照工作的类型，是有轻重缓急之分的，要在团队中提升自己的时间管理能力，就要在工作中分清这些工作的重要性。例如一台工作多年、每时每刻都急需使用的老机器损坏了，首当其冲的就是要恢复它最重要的性能，并根据机器的实际情况添加一些新的功能，如果在这时候只顾着给机器表面涂油漆，以达到"翻新"的视觉效果，从而耽误了最关键也最急需修理的地方，那么就会造成本末倒置的结果，影响了工作效率。全能团队的成员作为本岗位上的精英人才，在公司内担负着重要的职责，工作任务更加重要、更加烦琐。因此，分清事情的轻重缓急，对分内的工作进行合理安排，不仅能让自己节省时间，还可以让团队提升效率。

（四）不受外界影响，做好本职工作

有些人能够把每天的工作计划和进度安排得井井有条，但是一旦遇到一些突发事件，哪怕这些事件不会对自己的本职工作造成实质上的影响，可能也会表现得手足无措，使自己的工作无法正常进行，进而全盘打乱了一天的工作安排。全能团队的成员要锻炼好自己的意志力和定力，养成不受外界影响、踏踏实实地从容做好自己本职工作的习惯。

（五）尽量在时间上留有余地

每天，我们都或多或少会遇到一些意料之外的事情，或者接受一些预想不到的事物，从而对自己的工作和生活安排造成一定的影响。这时候，如何控制好自己的作息时间和工作时间，就显得至关重要。

全能团队往往是一家公司最核心的团队，工作任务重，责任重大，需要团队成员时刻保持旺盛的精力。因此，团队成员要在每天的各种生活和工作计划中，划出一些空余的时间以备不时之需。例如每天工作时间是八小时，那么就把每天的工作计划安排在七个小时之内完成，留出一个小时的空余来应付一些意外的事情。如果能够养成这种控制时间的观念，就能够在应付意外事情的同时，把自己计划中的事情办好。

▼ **案例诠释：**

庞总是一家保健品生产公司的老总，为了提高公司的效益着手组建了一支全能团队，同行好友们表示不解，对他说："搞这些花样没什么大用处，还不如多投入点人手做销售。"没想到这支团队很快进入了工作状态，销售人员在网上建立销售点，新媒体人员通过广告、软文等形式进行宣传，再配以优秀的服务人员做客服，一下子把网络销售和传统销售中的优势有效地结合起来，很快就将网络销售的营业额提升上来。虽然这个提升并不十分突出，但庞总仍然给予了他们充分的信任和支持。

过了不久，网上就爆出了非洲猪瘟疫情，此时正处于假期时间，大部分工作人员都在家休假。全能团队中的新媒体成员率先了解到这个新闻，从中嗅到了危险的味道，赶紧通过网络通知其他成员，全能团队紧急召开了一次视频会议，对可能出现的问题进行商讨。团队领导者当机立断，迅速将含有猪肉成分的公司产品进行权威的卫生鉴定。通过检验之后，网络销售中以检验报告为卖点，在网上宣传自己产品的安全性，使公司产品不仅在非洲猪瘟蔓延时期没有受到影响，还因此在消费者群体中树立起良好的信誉度，大大提高了网络销售的份额。

而当时对庞总建立全能团队不屑一顾的同行好友们，都在这场风波中蒙受了或大或小的损失。随后的几年里，他们目睹了庞总的全能团队为公司贡献了多大的能量，纷纷后悔自己当时没有早点做出改变。

◆ 学习充电：进步是要不断地学习的

管理大师彼得·圣吉曾经说过："你未来唯一持久的优势就是比你的竞争对手学得更快。你可以拒绝学习，但你的竞争对手却不会。"对此，他认为，"团队学习"是发展团队成员整体搭配与实现共同目标的能力的过程。有效的团队学习不仅可以大大提高团队组织的整体素质，还可以不断地提升团队组织的价值观，不停地激发出团队组织的创造性张力。

全能团队要想在当今激烈的竞争环境中占有自己企业生存的一席之地，并能以此为基础去做出持续性、良性的发展，使这个一席之地变成不败之地，就要重视员工的学习和培训。

（一）将全能团队打造成一个学习型的团队

要让自己的团队能够发展，就要把自己的团队打造成一个学习型的团队。学习型的团队是一个善于获取知识、运用知识和转移知识的团队，在这样的团队里，无论哪个团队成员都能获得学习充电的机会，并将学习成果运用到实际工作当中，从而使团队的工作效率不断地加以改善、不断地创新，使团队保持团队竞争的优势。

（二）结合团队成员的实际情况和实际所需进行培训学习

要让团队的成员能够通过学习而达到进步，全能团队的领导者在日常工作中，就应该通过分析各个团队成员的实际情况和实际所需，再结合一些考核结果和日常工作中的表现，来评估成员的学习需求。一般来讲，这种学习需求要围绕团队成员的真实能力来展开，如果成员不具备学习此项专业知识的能力，就要重新考虑如何安排这名成员往后在团队里的作用。而具备学习能力的成员，也要考虑其与所在的部门学习相关的专业知识的作用，以及应当学习怎么样的管理技能。

（三）团队成员要掌握正确的学习方法，不断学习先进技术

要让团队成员通过学习不断地进步，就要全能团队的成员按照正确的学习方法去进行学习，具体可分为以下几点：

（1）明确学习目标

全能团队的学习要有一个明确的学习目标，而这个学习目标要符合团队的工作性质，只有符合岗位的工作性质，才能在日常工作中，利用自己学到的东西，正确地配合其他成员的工作，去为团队做出合适的贡献。所以在学习之前，要先明确学习目标，有针对性地安排成员进行培训，使员工的学习达到更有效的结果。此外，团

队的领导者们还要清楚地知道成员的学习目标的意义是什么，要弄明白学习不是要去试图改造一个成员的个性，而是要将这个成员的特长发挥出来。

（2）确定学习内容

确定团队成员应该学习什么内容，要按照成员在全能团队里的岗位职责，或者在听取了成员的要求，经过认真的考虑和分析判断之后，安排成员进行怎么样的学习内容，从而在组织安排成员们的学习内容上做到合情合理，让成员们的学习内容能够给全能团队的工作带来实际性的帮助，对成员本人的能力也会有实质性的提升。

（3）合理地选择学习的方法

企业文化理论之父艾德加·沙因曾经说过："未来的文盲不再是不认识字的人，而是没有学会怎样学习的人。"诚然，在全能团队中，不但要选择适合的成员学习与其相适合的专业知识，也要找到有效的学习方法，再合理地安排成员的学习时间和精力，做到工作学习两不误。例如在从事影视宣传的全能团队中，一位新的项目策划想要学习另一位行业大拿的策划技巧和方法，可以对他之前做过的策划案进行分析，并在闲暇时间向其请教该策划案的关键点。在项目执行过程中，还可以帮助资深策划做一些简单的工作，在工作中不断提升自己的能力。

（4）激发成员的学习兴趣

一个团队成员对一个专业的学习是否感兴趣，兴趣的程度有多大，是团队培训成员的成败关键。如果成员对这个专业的学习充满兴趣，那么就会对所学的内容牢记于心，并在工作时，将所学的知识发挥出来。否则，如果没有培养出相关专业的学习兴趣，这个成员只能认为学习是一种折磨。全能团队想要激发成员的学习兴趣，首先，领导要起到带头作用；其次，要建立奖惩机制，对于学习型员工要加大奖励；最后，利用团队内部良好的竞争机制，能者上，庸者下。这样一来，全能团队的成员能够不断地掌握新技术、新方法，给团队做出更大的贡献。

（5）注意成员学习的接受程度

有的团队管理者为了能在短期内将团队打造成一个"强大的学习型团队"，不顾实际工作中的条件和成员实际的接受能力，一味加时加量地迫使成员们加紧学习，这样的后果只能是水过鸭背，欲速而不达。只有做到张弛有度，合理地安排学习的时间进度、学习的内容难度，才能达到最佳的学习效果。全能团队是公司的核心，平时工作任务重，因此更要合理地安排学习时间，做到劳逸结合。

（6）根据成员学习的效果来重新安排工作

俗话说："士别三日，当刮目相待。"昔日的"吴下阿蒙"都能通过努力的学习来成为一个能力高强之士。通过学习，使全能团队的成员工作能力提高，就要根据成员们现有的状况，在工作岗位上重新做出安排。同时，全能团队的管理者还要鼓励优秀的、有学习动力的成员在学习之后再接再厉，继续将学习的势头发展下去，从而不断地去实现自我超越。

（7）学以致用，让成员能够获得更多的实践机会

IBM公司有一条著名的用人原则："不管你会不会游泳，先把你推下泳池再说。"全能团队的领导者在成员们学有所成之后，还应当注重他们在岗位上对专业性工作的实际操作能力，而要实现这个目的，就要多给成员实践的机会。否则，通过学习后的成员如果在岗位上处于无用武之地的状态，缺乏实践的验证，就会逐渐失去学习的效果和相关能力。同时，学以致用还能根据成员们在工作中的实践，来验证成员们的学习取得了怎么样的成果，同时还能从中发现一些不足之处，然后再根据实际情况去有针对性地进行补习和指导。

（8）温故而知新，保持学习的效果

全能团队的管理者除了注重团队成员的学习质量和效果，还要在任何培训学习之后，对学习的成员进行能力上的追踪，不能学完了就不管了。所以，管理者还要做出必要的后续评估，使成员所学能够为团队服务。全能团队只有不断地保持学习的效果，在工作中遇到问题时，才能及时解决，高效率地完成工作，避免沦为懒散、落后的团队，失去竞争力。

进步是要不断地学习的，一个全能型团队就是由学习型的团队成长而来，而学习型的团队在整体不断通过学习变大变强的背后，就是每个团队成员不断努力学习的成果。如果学习型团队中的每一个成员都能够通过学习，在岗位上凭着学习到的专业知识学会自立，

培养独当一面的能力，对于全能型团队的发展壮大起着非常重要的作用。

▶ **案例诠释：**

陈勇是一个游戏设计专业的毕业生，从小到大最令他感兴趣的事情就是游戏，为此没少挨父亲的揍。毕业之后他进了一家小型游戏公司，参与游戏策划与制作，但随着他做的年头越长，他就越对国产游戏感到失望，他认为目前市场上大部分的游戏都非常功利，缺乏专业、认真的态度。工作的第三年，他辞职了，想要做一款真正走心的游戏，为此他用手里的积蓄，又和家里借了钱，组建起了第一个工作室，招揽了很多他接触过的同学或者同事，大家都志同道合，各有专精，是一支非常优秀的全能团队。

团队中大都是年轻人，他们一边接其他游戏公司的活，一边做自己的游戏。经过两年半的努力，他们的第一款游戏终于发售了，口碑和销量直线上升，是几个月内的销售最佳，甚至有机会冲击年度最佳原创游戏，他们这支团队也一跃成为最炙手可热的新人团队。

初次尝试就取得了巨大的成功，这支团队感到非常惊喜，但他们心里清楚，每一年都有像他们一样的公司倒闭，只有好作品，才能持续打动玩家。面对着其他公司伸来的橄榄枝，他们没有选择趁机捞钱，而是更加努力地进修学习，企划人员去琢磨当下玩家的心理，写更动人的剧情；编程人员尝试使用更先进的游戏引擎；美工则学习不同的画风和设计；陈勇自己，则在专业之外，学习怎么做好一个团队领导。

两年之后，他们发售了第二款游戏，前作的好评为他们吸引了大量的关注，而第二款游戏则更加优秀，占据了各个平台的榜首，他们一举夺得了年度最佳，而这个不足十人的团队，也慢慢地成长为一家大公司。

◆ 不断成长：小苗终会成为大树

全能团队有一个显著的特点就是"小"，但是这个小是针对人数上的少而言的。随着企业的稳步发展，这个小团队也在无时无刻地成长，但这个成长指的不是在人数上，而是在质量上。也就是说，全能团队的能力会逐渐增强，能更好地完成任务，带领公司取得更大的成就，但人数不一定会增加。

随着团队管理在现代管理中的作用越来越突出，团队的类型、作用、功能都会出现新的变化，只有好好把握住这些变化所带来的契机，才能继续不断地成长，让小团队变成健壮的"参天大树"。

（一）全能团队的成长是一个"质"的变化

全能团队在成长中，从刚刚创业到逐渐壮大，然后趋于成熟稳定，其中间所经历的变革无时无刻不冲击着团队制定的工作模式，也使团队原有的一套管理模式不断地产生变化。所以，全能团队时时刻刻都在经历着"质"的变化，而这个"质"指的是团队成员的素质。从创建到发展，随着工作目标的变化、管理模式的变化、企业的不断发展，全能团队本身也无可避免地会出现岗位的变更、人才的调动等情况，但无论如何，成熟稳定、健康发展的团队都会随着时间的推移不断地进行质变。团队的质变依靠的是全体成员的共同努力，只有通过学习、积累经验、用专业知识来不断充实自己，才能以个体的质变来共同实现整个团队的质变。

（二）团队的成长需要不断地补充养分，时刻保持"空杯心态"

对于一个团队成员来说，不管自己现在的专业知识有多强大，工作阅历有多丰富，"吃老本"是行不通的，时代在不断变化，现代社会知识更新的速度也在不断加快，促使每个人也要不断地成长。如果一味故步自封，依赖自己现有的知识，工作能力就会逐步落后于行业水平，总有一天会面临被淘汰的命运。对于团队来说也是如此，一支团队可能在成立时是行业顶尖的，但三五年之后，他们的工作效率、个人能力、管理模式还能保持这个水准吗？所以，要在工作和学习中时时刻刻具备"空杯心态"，将自己想象成一只空空如也的杯子，拥有一个从零开始的心态，积极主动地通过学习，给自己这只"空杯"注入新的源泉，这样才能在团队内不断地取得快速成长。

（三）成长中还要注意避免"只长不大"、揠苗助长

熟悉中国足球的老一代球迷可能不会忘记世纪之交时，曾经有

一支充满朝气的辽宁队在中国足坛上掀起了一阵热烈的青春浪潮。当年，辽宁队刚刚从次一级的甲B联赛升上中国足球顶级的甲A联赛后，就在绿茵场上以永不服输的激情、活力十足的拼劲、咄咄逼人的气势，接连战胜强敌，一路高奏凯歌，大有夺得甲A冠军的势头，虽然遗憾的是在最后一轮折戟，积分被山东鲁能队后来居上而屈居亚军。但是辽宁队的精神已经感染了众多球迷观众的内心，给观众们留下了深刻的印象，所以他们被公众冠以"辽小虎"的称号，含义是他们像小老虎那样天不怕地不怕，敢打敢拼，也寓意着这支球员年龄普遍偏小的队伍在日后大有成长发展的空间，有朝一日必将成为一只威猛的"老虎"。但是，随着岁月的流逝，大家却没有再见到那只勇猛的"辽小虎"，代之以球员转会、退役、内讧的闹剧频频传出，虽然中间曾经有几次振作，但是随着球队的降级，"辽小虎"最终还是"夭折"了，终究没有成长成"老虎"，留下的只有无数人的唏嘘叹息。这个故事告诉我们，团队在成长当中，不要只顾自己一时的发展势头，而忽略忽视了团队里每个成员的实际发展状况，忽略忽视了团队整体发展所能承受的程度，忽略忽视了团队在风光的表面下潜伏的危机，就像那支"辽小虎"，在屡创佳绩的同时，俱乐部领导层只顾着争取表面上的各种荣誉，而对俱乐部所存在的债务、错误的合同、混乱的管理、球员伤病等问题置若罔闻，或者选择有意地去回避，结果就是在经历了一阵子风光得意的日子后，诸多的问题逐渐显露出来，最终一步步地将勇猛的"辽小虎"给"埋葬"。

（四）小苗长大成大树了，你有能力掌控吗

总有一些企业和团队的管理人员在自己的队伍刚刚创业之时、发展之初，能够得心应手地发展，但是当这个企业或团队发展到了一定的规模之后，却在团队的管理上显得有心无力。而且当看到企业做大做强后，反而从敢拼敢搏的激情转变为缩手缩脚、患得患失，生怕一不小心，自己所创建的一切都会化为乌有。结果就是团队日趋保守，变得越来越死气沉沉、缺乏变革的动力。究其原因，关键就是领导者的掌控能力，如果队伍小，可以靠亲情去维系，眼皮底下就那么一些人，管理较为容易。可是当队伍不断地发展壮大，人数不断地增加时，管理者就很难对每个员工拥有清楚的认识。成长比成功更重要，团队做大做强不是问题，问题是能否有能力来掌控这棵由小苗成长起来的大树，避免在壮大之后，又逐渐回归平庸。所以，管理者在团队成长的过程中，自己也要有所"成长"，只有不断地通过学习、积累经验，去为自己的能力充值，才能保证在团队不断壮大的同时，自己也在不断成长为一个能够掌控团队的人。

（五）不单要踏踏实实地工作，还要善于把握机遇

有一部电影有过这么一句台词："金鳞岂是池中物，一遇风云便化龙。"意思就是说人才总是会发光的，总有一天会出人头地，但前提是必须抓住机会，才能实现"鲤鱼跳龙门"这样的重大蜕变。每个成员都应该努力把握机遇，不要错失让自己进步的可能。"木桶原

理"告诉我们，一只木桶能装多少水取决于最短的那块木板。团队中也是如此，一个团队的下限取决于能力最差的那一个环节，如果这个环节薄弱，整个团队的效率就上不去。这是一个非常现实的问题，一个优秀的人不一定能带动整个团队，但一个弱者肯定会拖累整个团队，每一个成员都应该把握提升自我的机会。对于全能团队来说，这支团队是整个公司的精英，自然面对着更为困难一点的任务，困难就意味着机会，如果是一个毫无难度的任务，也用不着全能团队去处理。所以，在任何可能面对机遇和挑战的工作内容时，全能团队都应该挺身而出，抓住这个机会，让整个团队获得更高的认可，得到他人的赞许。

（六）保持持续创新的精神，不断提升职业技能

创新是时代发展的主旋律，只有不断地创新，不断地推陈出新，全能团队才能在工作上不断地提升自己的职业技能。而要保持这种成长势头，就要做到以下几点：

（1）稳扎稳打，继续积累工作经验

越有经验，工作就越上手；而工作越上手，在工作中发现的新问题和新技巧也就越多，这是个良性的循环。但是要实现这种现象，最重要的一点就是要有稳定的事业根基，不能在工作上朝三暮四、挑肥拣瘦、怕苦怕累。一旦养成了吃苦耐劳的好习惯，就能带动自己成长，在团队里持之以恒地发挥出自己的作用。

（2）在平时的工作中要多细心观察，多思考

多观察、多思考，才能发现和解决更多的问题，在团队的建设中，努力寻找改进工作的窍门，就能提高自己的工作效率，从而带动整个团队的发展。

（3）多向他人学习，充实自己

"三人行，必有我师"，没有一支团队能在各个方面都领先于别人。所以，多学习他人的优点和专业知识，向有着丰富工作经验的人士学习，尤其是多向前辈请教，能够提升自己的职业化水平。从而不断提升自己的工作能力和技术水平，如此才能适应外界的千变万化，逐渐成长起来。

▶ **案例诠释：**

有一家建筑设计公司，成立之初就建立了全能团队。老林是这支团队的领导者，从业二十几年，要资历有资历，要能力有能力。领导把这支团队刚给他带的时候，给了他一份二十人的名单，经过他一番挑选后只有五个人入了全能团队，加上他也不过六个人。但是团队中各方面的人才俱全，园林设计人员一直关注着行业尖端的设计理念；建筑设计师从各种大工程中学习更为详细和优秀的建筑方法；业务人员则时时关注行业变化，不断更新自己的谈判技巧。领导开始不太放心，但在几次任务后，老林证明了"兵贵精不贵多"的道理。

这支团队不仅能力突出，也非常热爱工作，公司比较难的业务都由他们来完成。虽然他们在一个个项目中逐渐积累起了声誉，能力也得到了成长，但是他们始终保持着不骄不躁的心态，不断地向国内顶级设计团队学习，并且把握住机遇，开始参与国内大型标志性建筑的设计。

两年之后，虽然这个团队只扩充到八个人，团队的规模没有很大，但是这支团队已经成为世界知名的建筑设计团队，许多国外的企业纷纷向他们抛出了合作的橄榄枝。当初的小幼苗终于成长为"参天大树"。

Part 5
全能团队是创业最优选择

◆ 摊子铺太大是创业大忌

有些创业者在刚刚创业时就想"一口吃成胖子"，自己的公司刚刚建立，在没有好好地评估自己的实际承受能力的前提下，一开始就想拼命扩张，把自己的摊子铺得很大的同时，却完全没有顾及自己在经验等方面的欠缺，往往所考虑的都是专注于做大，而没有做强。结果在经过了一段时期的"高歌猛进"之后，公司就渐渐地陷入了"消化不良"的状况。与此同时，由于投资管理上存在的种种问题，创业者的经营状况陷入了长期的恶性循环，一旦出现不可预测的风险，整个公司就会分崩离析。

刚创业时就把摊子铺得太大会出现什么问题呢？艾奇布恩定理指出："如果你遇见员工而不认得，或忘了他的名字，那你的公司就太大了点。摊子一旦铺得过大，你就很难把它照顾周全。经营管理企业，小有小的好处，大有大的难处。企业在做大过程中，难免会出现管理瓶颈。"所以，艾奇布恩定理正是反映了这一问题，摊子一旦铺得过大，创业者就很难把企业的经营管理给照顾周全。

（一）摊子铺得太大，容易使各种成本居高不下

创业的时候，如果创业者过于激进，在高估了自己的实力的前提下，把摊子铺得太大，就容易使各种成本居高不下。因为创业之初，公司的许多地方都需要落实资金去打点，但是有一些不必要、不重要，或者可以缓一缓的资金投入地方，完全可以先行搁置，再集中人力物力，把最重要的财力资源用在刀刃上。否则，就会在创业一开始在铺得过大的摊子里，在一些不重要或者没必要的地方大撒金钱，就会造成许多额外的成本，反而因此影响了正常工作中的资金投入。此外，许多地方在投入了资金之后，还会陆续产生后续费用，而在一些不必要的地方花钱，势必会加重公司的财政负担。

（二）摊子铺得太大，后续工作不好接下去

在文学创作方面，有的作家一开始就天马行空，脑洞开得很大。可是写着写着，思维就枯竭了，因为前面铺垫的故事实在是太大太泛了，结果就是自己给自己挖了个大坑，又难以想到合适的后续去对接上，最后容易造成文学作品出现"烂尾"的现象。创业也是如此，有的创业者在一开始时就像那些作家那样雄心万丈般地将摊子铺得很大，可是在经过创业的一段激情后，回头一看，却发现自己的事业已经走进了死胡同，难以维持下去。所以，创业的时候要谨慎发展，先把能做的事做好、做精，再去寻求进一步发展，一步一

步踏踏实实地向前进，并且要留有一定的退路，如果凡事都想着用兵法中所谓的"背水一战"来拼搏，结果只能是死路一条。

（三）摊子铺得太大，容易造成资源的浪费

在购买手机时，许多人都有一种这样的心理：在挑选时总是想要最新款的、最多功能的，就算价格昂贵，如果这时候有足够的钱，也会不经过慎重的考虑，就毫不犹豫地将手机购买下来。但是在后来的使用日子里，宁愿拿着手机昏天黑地地打游戏，也很少会去主动了解这部手机到底有什么其他功能，结果就是直到这部手机用坏了，该换了，但它的大部分功能都从来没有使用过。在公司创业时，也时常会遇到这种类似购买手机的情况，创业者一味地想要让自己的公司拥有什么岗位工作者、拥有什么业务功能、拥有怎么样的设备设施，总之是越多越好，越齐全越好，并为之花费了大量的钱财，结果就是公司在运作了很长一段时间后，一些岗位的成员都没有发挥出自己的实际效益、一些业务功能一直没有机会派上用场、一些设备设施一直闲置着，如此就对公司造成了很大的资源浪费，而且这些岗位、功能和设备一直都在消耗着公司的金钱，势必会成为公司的烫手山芋，使之如同鸡肋。

（四）摊子铺得太大，容易造成资金链断裂

一些大型的企业单位，从一开始就不断通过融资，盲目地进行

扩张、兼并、重组，但是却没有考虑投资所带来的实际效益如何，投入那么多资金能不能得到合理的回报等问题，结果就是在一些不合理的运营当中亏损了金钱，导致正常运营的地方出现资金短缺的情况。为了填补空虚，只好采取借贷、拆东墙补西墙的方法，疲于奔命。

（五）只顾着扩大，容易忽略自身发展状况

许多创业者在创业时，由于缺乏足够的经验，只好生搬硬套其他公司的创业模式，却忽略了自己的实际情况。在组建创业团队时一味地多招人，却忽视了团队中成员的素质问题和实际需求问题，结果造成责任不明确，授权不到位。

综上所述，如果在创业之初就把摊子铺得太大，只会浪费人力财力、引发风险，出现青黄不接的现象。正因如此，建立全能团队就成了最佳选择。全能团队凭借其自身的特点能在创业初期为企业解决很多问题，其主要优势体现在以下几个方面上。

（一）人数较少，便于管理

公司成立初期并不需要过多的员工，一方面是公司的业务较少，另一方面公司也没有足够成熟的体系来维持运转。全能团队可以简化管理的步骤，避免"一岗多人"造成的效率低下。所有管理者都知道一个道理："员工数量越多，管理工作就越难。"员工数量和管

理工作的难度系数是成正比的，人越多沟通效率就越容易降低，造成队伍涣散。全能团队自成一套体系，人员精简，工作效率高，非常容易管理。

（二）经验丰富，起跑领先

组建全能团队不是一件十分容易的事情，对成员要求比较高，需要管理者花费更多的精力在前期组建上。但是全能团队一旦建立，在创业初期能为企业带来非常大的帮助。创业光有领导者的想法是不行的，还需要一支有经验的精英团队，能够将领导者的想法落到实处。全能团队的成员都是行业翘楚，相较于一般员工来说，他们对行业有更深的了解，有着丰富的经验，同时也有更强的学习能力，能让创业公司在技术上不会落后于人，最大限度地实现领导者的想法。

（三）行之有效，节省资源

创业初期最怕的事情就是浪费资源，一方面由于成本有限，企业没有承担风险的能力，需要用最少的资源完成最有效的工作；另一方面企业能够得到的机会不多，每一次业务都要打起十二分精神去面对，容不得一点浪费。因此，要用有限的资源让企业走上制度化、规范化、系统化，就需要借助全能团队。全能团队有着独特的决策系统和组织形式，能够快速做出决策，并付诸行动，用最少的人做最多的事情，高效地利用公司资源，避免创业前期资源浪费、入不敷出。

▼ **案例诠释：**

　　朱总在创业初期也曾经有过急功近利的心态，为了能多承接一些业务，他招了很多员工，但这些业务大都对公司发展没什么实质性的帮助，反倒是一些重要业务始终完成得不够理想。于是他花费了很大的力气，去向一位行业大拿请教，大拿对他讲了名盛广场的故事。

　　名盛广场在之前曾经是名盛集团引以为豪的"得意之作"，集团老总陈年胜在公司初创之时，成功承接了好几个商业中心的创建工作，大多取得了成功。于是踌躇满志的他，在刚刚完成白马大厦的工程之后，不顾资金没有完全到位、公司的远景目标规划还没完全落实，就马不停蹄地承接了北京路这个繁华地段的商业大厦的建设。但是名盛广场展开招商工作时，却一直没有吸引到大型商家的入驻，最后只能将商场的经营位置继续分割成一个个小块租给小型商铺经营。

　　原来，陈年胜当初刚刚建造好名盛广场后，为了展开新的业务，急于在短时间内收回成本，就将大厦的商铺暂时租给一些小型商铺业主，结果到了要真正引进大型商家时，由于这些小型商铺的合同还没到期，受到了小业主的联合抵制，白白错过了许多机会。而等到一些小型商铺的合同期满后，这些大型连锁商家已经制订了其他的战略计划，不再考虑名盛广场。

结果名盛广场在资金链断裂的情况下，只得转卖给了天河城广场，从而结束了这个痛苦尴尬的历程。

朱总明白了大拿说这个故事的用意，由于自己公司前期扩张太快，公司出现了大量的冗员，工作效率低下，导致公司发展停滞不前。于是他回到公司后进行了裁员，同时将公司的业务精简。挑选出公司的精英人才，组建起一支全能团队，将公司的重要业务都交给全能团队去办理，由团队领导者去统筹规划，朱总只负责关键决策。出乎意料的是，全能团队虽然人数少，但是分工明确，效率非常高，在业务方面的精简也卓有成效，很快就将公司发展重新推上正轨。

◆ 专业的人做专业的事

中国有一句古话叫："没有金刚钻，不揽瓷器活。"指的是不熟悉某一专业的人，做不了这个专业的事。如果将这句话反过来，能胜任某一专业的人，就要让他在这个专业上发挥出自己应有的特长。在创业初期，公司领导人不能所有事情都大包大揽，要做到权力下放，让专业的人做专业的事。否则，即使公司的创建者有诸葛亮一样的才华和能力，也会累死在"五丈原"上。

之所以说全能团队是创业的最优选择，是因为全能团队成员能够做到"专业的人做专业的事"。全能团队的领导者往往都是本行业的精英人才，对本行业非常熟悉，他们能够在公司创业初期做到以下几点：

（一）善于发现专业人才

全能团队的领导者凭借自己对本行业的了解，善于在工作中、生活中发现人才，并合理地去运用人才，在团队建设中做到人尽其才，才尽其用，从而使团队成员发挥出自己的专业所长，实现在团队里最大的人才价值。例如商朝的开国君主商汤，就能够在自己的厨师队伍里发现文武全才的伊尹，将其破格提拔为相。伊尹果然不负商汤所托，尽心尽力地辅佐商汤南征北战，最终灭掉了腐朽的夏王朝，建立了一个新的商王朝。

（二）能正确安排专业人才的工作

曾经有个商界人士说："我的成功得益于鉴别人才的眼力。这种眼力使我能把每一个员工都安排到适当的位置上，并且从来没有出现过差错。不仅如此，我还努力使员工们认识到他们所担任的工作对于整个事业的重大意义。这样一来，这些员工无须监督，就能主动把事情办得妥妥当当的了。"管理学大师罗伯特也曾经说过："没有不合适的员工，只有不合适的安排。"专业的人做专业的事，全能团队的领导者了解团队成员的专业能力水平以及状态，能够明确团队成员的角色关系，将最正确的专业人才放在最正确的位置上，让他们发挥出自己应有的才能。

（三）避免陷入挑选人才的误区

阿里巴巴的董事局主席马云在收购雅虎公司之后，聘请雅虎CEO的时候也犯过一次错误，当时他看重一个拥有丰富管理学历的高才生，忽略了这个人是否能够融入雅虎集体，是否能够在实际工作中管理雅虎的能力，结果就是仅仅过了四十多天，这个高才生就打退堂鼓，主动提交了辞呈。由此可见，不论一个软件本身的功能有多么强大，如果安装到不匹配的系统里，就必定会出现不兼容的现象。而全能团队的领导者能够有效地避免这一问题，他更加了解团队情况，对可能融入团体的人才有清晰的判断，在选拔人才中会考虑他的实际才能，和他与团队其他成员的匹配度。

（四）敢于任用能力比自己强的人才

全能团队由于其专业性的方向不同，彼此之间不会出现钩心斗角、权力倾轧的现象。尤其是作为团队领导者，如果有下属的能力比自己强，那么他不但会有勇气去承认和接受这个事实，还敢于任用这样的员工。因为他们的角色分工不同，全能团队的规模较小、成员数并不多，领导者选拔出更专业的人才，有利于他们更好地完成工作，从而为自己谋取更大的利益。即使一部分领导者身兼数职，在专业技术更强的员工面前，他们也有着自己独特的优势，也就是领导力，这是团队角色不同带来的好处。

说到敢于任用能力比自己强的人才，这一点在中国古代历史上，汉高祖刘邦就做得非常好。说起刘邦，在他当皇帝之前，只不过是一名担任亭长这种芝麻绿豆小官的无赖，在他打天下的团队里，论领兵打仗，韩信比他不知强多少倍；论出谋划策，张良运筹帷幄之中，决胜千里之外；论内政管理，萧何将大后方管理得井井有条，还数年如一日地能够将粮草源源不断供应到前线。单就这三个人，在专业能力上就远远胜过团队领导者刘邦，但是，最终做皇帝的还是刘邦，这是为什么呢？其实就是因为刘邦有一个最大的能力：知人善用，能让专业的人干专业的事。试想，刘邦知不知道这些人比他更强呢？答案是肯定的，但是他不会嫉贤妒能，忌讳任用能力比自己强的人才。

团队的领导者能够根据"闻道有先后，术业有专攻"这个原则去发现、选拔人才，而且能够用好这些人才，组建出一个职责明确、能力超绝、功能齐全的全能团队。而经过大浪淘沙挑选出来的团队成员，也能在工作中做到更好，从而让创业公司得到更好的发展，具体表现为以下几点：

（一）全能团队成员能明确自己在团队中的角色

全能团队成员经过领导者的精心挑选，大都是自我认知较强的员工，他们能清楚地认识到自己的能力、优点、缺点和性格的特点分别有哪些，能为团队担任哪些工作，能够为团队创造出怎样的价值。腾讯公司在创业初期只有五个人，分别是"润迅工程师"马化腾、"技术天才"张志东、"市场奇才"曾李青、"后勤部长"陈一丹、"策略规划师"许晨晔。虽然他们的性格不尽相同，马化腾性格温和，曾李青行事张扬，许晨晔是一位"好好先生"，但是，他们都有着较强的自我认知能力，对自己有着明确的定位，相互之间能够高效协作，共同为公司发展贡献自己的力量。正因如此，腾讯公司才能快速地发展起来，最终成为世界500强企业。腾讯公司的快速发展不仅与马化腾扮演了一个良好的"领导者"身份有关，他的团队中成员更是缺一不可，这些成员们为了一个共同的目的各展所长，清楚地知道自己所擅长的方面是什么，充分地发挥自己的优势，展现出了惊人的合作能力，最后得偿所愿。

（二）团队成员能够主动在团队中寻找合作伙伴

对自己的合作伙伴坦诚相待，并虚心地向他学习，而且在工作和学习的过程中，也不忘将自己擅长的技术无私地教授给合作伙伴，使合作伙伴感受到你是平等和真诚的。这与领导者选贤任能的动机如出一辙，成员之间没有利益侵害的关系，但要追求共同努力的成果，所以他们能很好地进行合作，这是创业初期的企业非常难得的氛围。

（三）团队成员能够服从团队给予的工作安排

全能团队是一个完整的机体，任何成员都能起到牵一发而动全身的作用，所以在团队利益高于一切的基础上，团队成员们要从团队的利益出发，服从团队领导的工作安排。正如前面叙述过的，全能团队是一个互补性的团体，有时会进行工作互换，将原本这个岗位的成员派到另一个岗位去学习，而又将其他岗位的成员派到这个岗位来。这样做的目的是让成员们能兼顾到团队其他的工作，以发挥所有团队成员的潜力，同时还能弥补成员的一些不足之处，学习到原本自己并不擅长的领域的知识。这种工作互换的锻炼结果，增强了团队成员之间的互补性，使团队结成一个更加坚强的整体。

▼ 案例诠释：

姚总创业之前是一家大型家电外贸公司的职员，凭着他多年的经验和资金的积累，终于能够独立门户，召集了几个伙伴，建立了一家进出口公司，主要经营各种电器产品。

公司草创之初，姚总有些急功近利，他不顾公司还没有步入正轨，不顾公司的现实情况，贸然接下许多不熟悉的货单。例如有一次，姚总根据一个客户的要求，从国外购进了一个奇怪的水陆空三用的"飞行器"，结果整个公司为了这个机器能够顺利从海关检验过关，耗费了大量的人力、物力和时间，还因为报错税号而受到海关的处罚和追加税金，以至于得不偿失。

在初战失利后，姚总总结了经验教训，觉得要让专业的人做专业的事，应该先把员工熟悉的家电老本行给做好了，再去发展其他业务。他跟合作伙伴们研究决定，组建一支全能团队。这支队伍大多由本公司内的优秀员工出任，也从公司外新招了几个行业精英，只进口公司熟悉的家电类商品，成员们各司其职，外销员负责谈判接单，市场人员负责调研，单证员负责制单，报检员、报关员分别针对向商检局和海关申报。从接单这个环节开始，进货、查货一直到售后都有专业的员工负责，将所有员工放在正确的轨道上，让他们发挥作用。这样一来，不光全能团队的成员有自己的职责范围，公司的其他员工也有了明确的工作方向。全能队员和其他员工相互配合，将公司的效率大大提高，发展目标也变得更加明确。

这支全能团队盘活了整个公司的运作，随着团队越来越成熟，公司也逐渐壮大起来，过了几年，姚总等到时机成熟后才扩大公司业务范围。最终，公司在这支全能团队的带领下越做越大。

◆ "立刻行动"和"随机应变"

在当今社会的各行各业中，尤其是快节奏的市场经济，信息瞬息万变，机遇转瞬即逝，要在残酷的商业竞争中占有一席之地，就要做到与外界同步，追随快节奏的生活方式，积极面对复杂的企业生存环境。

在创业初期，创业公司更要时刻关注市场动态和行业前沿信息，而全能团队中的每个成员都是行业的佼佼者，他们具有极强的信息收集能力和专业能力，能在创业初期给公司的发展指明方向，轻松做到"立刻行动"和"随机应变"。

很多创业公司在面临发展机遇时，经常瞻前顾后，犹豫不决。如果不能把握机遇发展起来，就会被市场大潮淹没，成为"牺牲品"。全能团队具有效率高的特点，能够抓住机会，快速行动，保质保量地完成工作任务和发展目标。因此，在创业初期，组建一支全能团队是非常必要的。

（一）全能团队有极强的行动力

养成一个好习惯容易，但要长期把好习惯保持下去，就需要有一定的毅力，因为稍有松懈，之前的努力就可能前功尽弃。不可否认，许多人身上都或多或少存在着一些拖延症，拖延症具有很强的持续性和依赖性，能在时间的流逝中不断地加深、加重。如果养成了拖延症，那么所带来的问题就会越积越多，最终积重难返。这在创业初期是十分致命的。而全能团队的成员都是业内精英，有着十几年甚至几十年的工作经验，他们已经在工作中养成了良好的习惯，一旦发现问题就会立刻行动起来，寻找解决问题的方法，避免问题越积越多，最终无法收拾。所以，创业公司要避免因为拖延症而造成的不良后果，就要集合公司的精英人才组建全能团队，并由全能团队的成员为公司树立榜样，做到今日事今日毕，尽量不要将包袱甩给明天。创业公司要善于与时间赛跑，跟时间争夺生存空间，只有这样，才能取得良好的发展。

（二）全能团队善于把握时机

全能团队有着较高的市场敏感度，能够抓住稍纵即逝的时机，避免因烦琐的流程，导致错失发展机遇。在美国一家网络公司的会议上，全能团队的主管向公司领导提出了一个大胆且富有创意和建设性的方案，这个方案涉及资金达到1000万美元。对此，虽然与会人员都对这个方案非常感兴趣，但也对方案中存在的风险表示担忧，于是纷纷建议公司领导先对这个方案进行详细的研究，然后再决定如何去做。但是，公司领导意识到这个机会稍纵即逝，决定采用全能团队的意见，立即实施该方案。在得到肯定答复后，全能团队立即采取行动，赶在竞争对手之前推出了新产品，赢得了市场份额和大量忠实的客户，使得企业取得长足的进步。

全能团队的成员能力优秀，市场嗅觉敏锐，能够把握住机遇，并且立刻行动起来，不会因为过于谨慎而错失良机。在创业初期，公司只有不断地抓住市场机遇，并及时行动，才能获得较快的发展，而全能团队可以最大限度地争取时间，高效地完成公司的任务，为公司的发展提供便利。

（三）全能团队能够掌握速度与质量的平衡

在日常的团队工作中，关于工作的速度和质量之间的关系，时常会出现四种情况，并造成四种不同的结果：一、有速度，但是忽略了质量，使工作出现了不少错误；二、保证了质量，但是速度却跟不上，结果延误了时间；三、有速度，同时也保证了质量，使工作顺利地完成；四、既没有速度，质量也不过关，纯粹浑浑噩噩磨洋工，后果只能被淘汰。

相比之下，第三种情况显然是最好的，第四种是最差的，而前面两种情况虽然各有好坏，但是如果要提升团队的工作效率，就必须严格改正任何对工作不好的一面。因为只求速度，只是一味追求生产出来的产品表面上的数量，却忽略了质量，这是很难生产出高品质产品的；相反，如果只有质量而没有速度，虽然保证了产品的高品质，但是忽略了速度因素，只能在生产过程中加重成本，甚至让企业得不偿失。

创业公司在初创阶段非常脆弱，时间也非常宝贵，不管是速度跟不上还是产品质量不好，都会对公司造成灾难性的后果。如果既要速度快，又要保证质量，这就需要全能团队来执行任务了。全能团队之所以能既保证速度又保证质量，与其良好的工作习惯分不开。

（1）注意细节，以细节来控制速度

俗话说："熟能生巧。"全能团队成员在工作中，所有的流程都由一丝一毫的环节架构而成。每一个环节其实就是一个细节，注意好工作中的每一个细节，就能做好这个细节中的工作，并完善细节之间的衔接，从而将整个环环相扣的流程有始有终地做好。全能团队才能在保证质量的同时，提高了工作的速度。

（2）工作之前做好充分的准备

"工欲善其事，必先利其器"，全能团队重视工作的效率，在工作之前做好充分的准备，所以能在工作中做到得心应手，从而保证在速度上去的同时，质量也得到提高。此外，事先做好准备，一旦在工作中发生意外时，他们也能够冷静地去处理，不至于引起慌乱。

（3）善于观察，善于思考，善于积累

如果一个工作者在平时的工作当中能够善于观察，并能多想想为什么会出现这样的情况，然后把所看所想得出的一些印象变成一种经验积累在心中，那么他就能够收集到很多重要的信息，积累下很多重要的工作经验。全能团队成员因为其深厚的资历，在工作中，对于许多发生的现象和结果能够具有较强的预见性，知道怎么去做，从而胸有成竹地去对待和解决，并取得事半功倍的效果。

（4）善于发现问题和纠正问题，并能成为经验牢记在心

古往今来，一件工具、一件器物甚至是一种生活习惯，都是在漫长的岁月里慢慢加以改善，变得越来越灵活轻巧，越来越贴近人性化，也创造出越来越大的功效。这是因为一代一代的劳动人民在使用这些东西，或者在做这些事的时候，渐渐地积累下经验，摸索出改善这些东西或者这些事的方式。全能团队善于发现工作中出现的问题，在纠正错误的同时，能够多花心思去加以反思和试验，使问题能够更加合理或更加贴近人性化地被解决，将工作的速度和质量提高上去。

所以，一般企业单位都是以营利为最重要的工作目标，为了实现这个目标，使公司能够循着可持续性的良好健康的状态发展，就应在注重质量的同时，千方百计地提高速度，只有在保证质量的前提下提高速度，才能达到工作目标。

（四）全能团队能做到不找借口

为什么今天我生产的产品很多在质量上不过关，因为今天我没感觉，所以影响了工作；为什么我今天工作那么慢，因为同事处理事情的速度慢，影响了我的本职工作；为什么我没有去做这件事，因为我忙于做另一件事，无暇顾及……无可否认，在工作上，如果没有达到预定的目标，总能找到许多借口进行搪塞。但是，这些问题不会出现在全能团队成员身上，他们有着极强的责任心和事业心，不会为自己不负责任的坏习惯提供滋生的温床。他们会以身作则，敢作敢当，在工作上加倍认真地完成任务。

结合以上四点，我们得知要想将"立刻去做"所产生的威力发挥到极致，就要立刻行动、把握时机、不找借口。而在做事的过程中，还要做到随机应变，尤其是面对复杂多变的环境，更加要用清醒的头脑去对待。

想要在复杂的市场环境中生存下来，创业公司需要能够根据市场变化做出相应的改变。全能团队具有灵活性强的特点，在公司中有较强的自主性，能够根据市场变化做出相应的改变。因此，在创业初期，打造一支能够"随机应变"的全能团队是非常有必要的。

（一）全能团队能够时刻保持清醒的头脑去面对错综复杂的环境

历史小说家和评论家石悦曾经在他的著作《明朝那些事儿》中提起"将军是怎样炼成的"这个话题上，除了列举要吃苦耐劳、机智聪明、勇敢果断、熟读兵书等一系列因素之外，还说要有一定的"福气"，就是说这个将军必须是幸运的，否则，就算是具备了以上条件，冷不防一支冷箭射过来，他也会一命呜呼。对于这种"福气"，我们可以理解成能够时刻保持清醒的头脑去面对错综复杂的环境。试想，为什么会中箭？是因为没注意到这个地方存在危险，还是因头脑不够清醒而失去了对险恶环境的判断力？不管怎么说，石悦所说的"福将"，之所以能够得"福"，必然是有客观原因的，这就是平常做人做事的一个习惯使然，使"福将"能够在杀声震天、刀光剑影、血肉横飞的激烈战场上，依然保持小心谨慎的处事风格，使之避开种种危险，打赢了战争。而在现代社会的商业竞争的大环境里，也如古代战场上的激烈战斗一样，存在"明枪易躲，暗箭难防"的危险境地，全能团队之所以能屡屡成为公司的"福将"，是因为他们对行业市场和公司情况十分了解，无论遇到什么困难和危机，都能够时刻保持清醒的头脑，懂得躲避危险，抓住机遇。

（二）全能团队善于用技巧去解决问题

全能团队之所以能够把一件工作做好，是因为他们掌握了工作的技巧，加上已经习惯了运用这样的技巧去工作，从而能够取得高效的工作成绩。这种以技巧办事的习惯，能够在做任何事情上达到熟能生巧，逐渐掌握用最巧妙、最高效的方法把事情办好。与此同时，培养用技巧去解决问题的习惯，也可以改善个人的性格和修养，提高对自己的约束力和自控能力，从而使自己在生活的各个方面敢于主动去改善、提升生活的质量，力求达到完美。全能团队成员在工作中能努力保持这种状态，使自己能够更加出色地完成工作，实现个人价值，为公司创造利益。

（三）全能团队处事灵活，能够充当领导的好助手

全能团队平时的工作就是尽善尽美地做好上级领导交代的任务，但也会凭着自己突出的工作能力，来充当领导的好助手。充当领导的助手，需要有丰富的经验、高明的智慧、敏感的反应，全能团队成员能够胜任这份工作，主要是因为他们具备以下几点能力：

（1）能够正确领悟领导的想法。

（2）了解领导的性格和处事风格。

（3）谨慎低调，不出风头。

（4）能够立即付诸行动，把事情办好。

综上所述，"立刻去做"和"随机应变"是工作上相辅相成的两大因素，前者给人以坚定的决心和上进心，后者给人以充分的细心和学习心。全能团队具备以上两点优势，能够在公司发展初期，抓住发展机遇，规避风险，制定适合公司发展的策略，让公司不断地发展壮大。

▶ **案例诠释：**

曾明是个急性子，以前在销售公司是这样，创建了自己的销售公司还是这样。为了使自己的公司也像自己那样能够"忙碌"起来，他要求所有员工都要做到立即行动，希望这种快节奏能够为公司的

发展壮大起到一个高效率的作用。

但是不久之后，曾明的公司屡屡碰壁。原来，在他的带领下，公司的员工只讲求"立刻去做"，速度是有了，可是缺乏应急手段，市场的信息往往转瞬即变，任由你多么快速，有时还是碰壁。有一次，负责市场调研的部门了解到禽类产品价格即将升高，在没有经过进一步的市场调查的情况下，就急匆匆地进购了一批冰鲜鸡肉，而这时禽流感暴发，这批冰鲜鸡肉还没到投放市场的日期，公司一时又没有通过其他渠道分流存货，白白失去了几次化险为夷的机会，结果给刚刚起步的公司造成了巨大的亏损。

吸取了这次教训之后，曾明终于明白了一个道理，"立刻去做"还需要"随机应变"来辅助，于是选拔了几个公司内部的优秀员工，不论是销售还是谈判都挑选了非常专业的人才，又另外聘请了专职分析投资风险的市场调查员，组建起全能团队。他要求全体团队成员积极配合，在工作中时时刻刻查找潜在的危机，保证做到"快而准"。这支全能团队组建起来后，由于大部分成员是原班人马，他们的工作效率非常高，同时，吸收了新鲜血液的团队，在临场应变的方面也做得很令曾明满意，前后几次市场出现波动或者业务遇到难题时，这支全能团队都能妥善处理好，很快就挑起了公司的大梁。

从此以后，曾明的团队就避免了许多失误，公司也发展了起来。

◆ 没有谈不下来的项目

在军事史上，凡是常胜之师，其麾下大多拥有一支精锐部队，虽然一般人数不多，但却是他们百战百胜的保证，如战国初期魏国的魏武卒、三国时期曹操的虎豹骑、宋元交际时期成吉思汗的怯薛军，等等。同理，在市场竞争异常激烈的现代社会，初创企业要想求得发展、实现壮大，也必须有自己的"虎狼之师"，去为企业拿下项目，逐鹿市场。

究竟这个"虎狼之师"应该如何建立呢？时下来说，在创业初期，选择建立全能团队是一个明智的选择。那么，全能团队在公司创业初期，拥有什么优势呢？

（一）全能团队的专业基本功扎实

作为一个专业的精英团体，全能团队对其成员最基本的一个要求就是本专业的基本功要扎实，然后才能谈接任务、执行任务，谈制定目标，谈创造绩效。因为全能团队是一个精简的小集体，每个成员在团队里都有自己独当一面的作用，假如其中任何一个成员的基本功不扎实，在工作中就会像多米诺骨牌效应那样，导致整个团队的工作效果受到拖累。

（二）全能团队在业务往来中重视合作关系

全能团队不是一个封闭式的团队，他们的工作更多的是对外拓展业务，为企业创造绩效。所以，全能团队要想创造成绩，就必须对内对外都要重视与其他人和团体建立合作关系。

（1）团队内部的合作

要取得对外业务工作的成功展开，首先在团队内部的成员要达成一致的合作，使成员们在合作当中，认识到自己在团队里的价值和能力，才能在职责上发挥自己的潜能。

要实现团队内成员互相之间的合作，就要促使成员之间建立稳固的人际关系。管理学大师杰里·阿卡夫在他的著作《商业中的人际关系》中对于团队中的人际关系是这样阐述的："无论你处于怎样的团队，与队员建立坚固的人际关系都是非常关键的。当团队有清晰的角色和目标，成员之间相互信任时，团队工作才能做到最好，没有比坚固的工作关系更有效的了。我们为建立人际关系进行的投资是最明智的投资，对我们自己和团队的成功都是极有帮助的。"按照杰里·阿卡夫的意思，培养人际关系就要分三个步骤：首先，拥有正确的心态，从其他成员的立场看待问题；然后提出正确的问题，寻求与其他成员的共同点；进而采取正确的行动，做到与其他成员的立场相一致。

（2）团队与企业其他成员之间的合作

企业单位在对外进行业务往来时，每个部门所发挥的作用，都关系到整个企业的利益，所以全能团队在需要的时候，也要与企业其他成员进行合作，包括本部门的员工、其他部门的员工、领导层的人员甚至是企业的最高领导者。这是因为团队之外的一些人员往往在技术和身体力行的协助上，给团队莫大的帮助，有力地支持了团队的工作进展，促进了团队的成功。

（3）团队与客户之间的合作

俗话说："一个巴掌拍不响。"要想在业务上跟客户达成共识，首先就要跟目标客户进行业务上的合作。这样能更加准确地了解客户的所需和所期待实现怎样的交流合作关系，也能够让客户清楚地了解自己企业的情况和远景。而通过合作，团队也能更加准确地建议和调动业务往来双方达成共识的办法，实现双赢。

（4）团队与第三方的合作

除了跟目标客户合作之外，全能团队可能还会另外跟第三方进行合作。何为第三方？例如在团队与客户合作的协议里，客户可能会提出一些较为特殊的要求，而这个要求也许是全能团队以及企业其他部门难以提供服务的，这时就需要团队另外求助于第三方，在第三方的协助下弥补不足，使客户的要求尽可能地得以满足。打个比方，服装厂收到一个剧团的订单，要求为演员定做一批戏服。在这批戏服中，有些纹饰要求用法国丝绒缝制，而恰好服装厂没有法国丝绒的存货。于是，服装厂采购部的全能团队就要寻找法国丝绒的供应商，按照要求购买所需产品，然后投入生产制作当中。而例子中的供应商，就相当于合作的第三方，与之合作，能够为全能团队的工作带来辅助性的作用。

（5）团队与竞争者之间的合作

不管是来自企业内部的同行竞争者，还是来自外部的各行各业的竞争者，除了竞争之外，有时也会进行合作。比如一些大公司或者政府机关的比较大型的业务是需要多家企业单位联合执行才能完成的，这时，竞争者之间就成了合作者，大家都朝着一个业务目标工作。此外，在与竞争者合作的同时，全能团队还能了解竞争者的优势，进而提高自己在这一方面的业务水平。

（三）全能团队对外业务的目标明确

目标是做事的根本，工作中任何一次用功都必须以达成目标为根本。对全能团队来说，只有把注意力聚集在目标上，才能清楚地知道自己应该做什么，应该怎么做，做了会得到怎样的结果。只有清晰地知道这些，团队成员们才能更好地执行目标任务。

（1）团队的目标是什么

全能团队要开展业务，首先就是制定好目标，有了明确的目标，才能在具体的实施中与谈判对象进行磋商。

（2）对方的目标是什么

"知己知彼，百战不殆"，只有清楚对方的目标，才能知道对方所需，才能知道自己应该怎么去做。

（3）双方的共同目标是什么

也许在业务往来中，企业与客户双方之间的目标不尽相同，但是全能团队要凭着敏锐的职业眼光，找到双方利益的共同点，求同存异，并以此为突破点，与客户达成共识，推进业务的顺利进行。

综上所述，全能团队能够凭着自身的几点优势，在不同行业和不同项目的工作中胜任对外开展业务的工作，那么在实际操作中，又要注意以下几点：

（一）在对外工作中要分清事情的主次

凡事都有个轻重缓急，最重要的事情应该优先处理，而不应该被一些次要的、不需要那么紧急去解决的事情蒙住双眼。只有分清了哪些是最重要的事情，把最重要的事情放在第一位，并把事情稳妥地办好，工作才能变得井井有条，取得卓越的成效。

（二）要带着热情进行工作

在工作中带着热情，对于每一个团队成员来说都是非常重要的。一个人是否拥有热情待人的一面，是否能够带着热情去工作，对自己的精气神、待人接物、工作效率都有很大的影响。

（1）热情能使自己全身充满活力

热情能把一个人全身的每一个细胞都激活起来，使这个人变得积极主动地去做事，以积极的态度去对待工作。

（2）热情能使自己保持高度的自觉

热情能提高一个人做事的自觉性，完成从"要我做"到"我要做"的转变，把自己所喜爱的工作当成自己的一个人生的目标，并能充满热情地去完成。

（3）热情能使看似枯燥的工作变得有趣

在商业谈判时，一些细节上的问题，需要和谈判对象一起仔细讨论，这些问题有时难免会枯燥乏味，甚至可能是已经经过双方重复讨论、缺乏新意的。这时如果缺乏热情，就会失去耐心，甚至出现抵触的心理，结果可能就会给自己造成损失。而拥有热情，能使自己思路顺畅，能够保持清醒地思考问题、解决问题和发现一些没有注意到的问题。

（4）热情能将自己的优点和个性淋漓尽致地发挥出来

在许多业务往来的谈判桌上，都会出现一些真性情的人，他们言谈风趣，举止优雅，以一腔的热情去征服业务对象，使对方表达出非常乐意合作的意向。

（5）热情能使自己在他人面前变得亲切

俗话说："伸手不打笑脸人。"以一腔热情铸就的微笑时常能征服他人，尤其是业务对象，亲切感能让对方的心情得以放松，气氛也会因此变得融洽。

（6）热情能使自己爆发出潜在的巨大能量

一个人如果充满热情地去做人做事，那么在热情的启迪下，加以自己的兴致，就能够把自己巨大的潜能给激发出来，以超出平常的状态去把工作做好。

所以，如果没有热情，不仅仅会失去顾客，可能还因此失去了自身发展的动力，因为一个没有热情的团队成员是不可能保质保量地完成自己的工作的，更不可能创造佳绩，等待他的，只有被团队淘汰的命运。

（三）讲诚信，一诺千金

在团队的管理工作中，守信是基本的职业操守，更是成功的关键。"以诚为本"，诚信是做人做事的最基本要求。而在业务往来中，诚信有时比利益更为重要，这时如果能够牺牲自己的一部分利益，收获对方的人心，也许就能为以后获取更大的利益起作用。此外，诚信还能消除对方的芥蒂，加强双方的合作，谋求共同发展，实现企业共赢。

（四）要给予业务对象应有的尊重

哪怕对方对自己不尊重，也要向对方报以尊重的微笑，这是作为一个谈判者和业务往来者所应有的素养。而对对方的尊重，也能更加有利于业务谈判的结果。

（五）摈弃不良作风

在对外进行业务往来当中，要时时刻刻注意自己的形象，改掉自己的坏习惯。如果自己的一些坏习惯暴露在对方面前，也许会引起别人的疑虑，可能会因此认为你不是真心来谈业务的，造成不必要的误会，也给企业带来损失。

在当今风云变幻的经济市场上，竞争无处不在，许多企业都为了争取更多的业务而不断升级自己的硬件和软件，如果企业拥有能应对不同行业、不同项目工作的全能团队，就等于给自己武装了一支强大的"虎狼之师"，只要合理地加以利用，将团队的专业优势发挥出来，并注意业务往来的种种问题，就没有谈不下来的项目。

▼ **案例诠释：**

美国有一座城市的新机场刚刚落成，服务区内的各种设施也在不断地招商以便完善，其中就包括了出租车服务。由于这座城市位于旅游景点上，新机场的投入使用，势必会吸引大量的游客前来，所以机场出租车服务的招标立马吸引了许多出租车行业的企业前来竞投。经过了一番激烈的较量，结果出人意料，夺得这座机场出租车服务业务的只是一家刚刚成立不久的出租车服务公司。那么这家公司又是凭什么出奇制胜的呢？

　　原来，就在机场刚刚兴建之时，这家出租车公司就已经开始为夺得机场出租车服务设施的目标而行动了，他们早早地组建了一支全能团队，成员们为这次招标制定了详细的任务，对机场所有因素进行评估，其中包括机场落成之后周边物价的波动、班机起落时间的计算、出租车油耗的成本等，甚至还聘请了相关专家对附近的山体滑坡、水位上涨等不可抗因素进行了研究。在谈判桌上，出租车公司的全能团队以热情、细致、专业的工作态度，给机场负责人留下了深刻的印象，在计划的各个环节，全能团队都制定了详细的方案，将机场方面提出的问题一一解答，在他们的方案中，顾客、机场、出租车公司三方利益得到了极好的平衡。就在出租车公司指出了几个机场疏忽的问题及提出整治方案之后，机场负责人当场确定，把指标给予这家办事认真的出租车服务公司。

Part 6

全能团队模式是未来企业发展趋势

◆ 全能团队是企业发展的中流砥柱

在大企业里的各个部门，无时无刻都能见到全能团队的身影，也无时无刻可见他们为企业所做出的贡献，因为全能团队具备独立运行的能力，在工作中相对于其他部门来说，所受到的制约更少，但是取得的效率却更高。所以有人说："一个公司是否优秀的衡量标准，不是管理者多么的高明，不是个体员工多么的有才，也不是个别英雄多么的厉害，而是要看这个公司是否拥有强大的全能团队，因为团队是一个企业发展的中流砥柱，要想一个企业发展壮大，就要先从打造全能团队开始。"

那么全能团队究竟有哪些过人之处呢？其实除了全能团队的全能型的特点能胜任多个岗位之外，更在一些工作和做人的态度上表现出其令人敬佩的一面，例如以下几点：

（一）全能团队拥有一颗敬业的心

作为一名工作者，无论从事什么行业，在做好这个行业之前，首先要有一颗敬业的心。但在现实社会，大多数人在工作的时候，首先想到的仅仅是如何能够在公司让自己获得最大的利益，从而忽略了更加宝贵的敬业心。相比之下，全能团队能够胜任多个岗位的工作，就是因为拥有一颗敬业的心。因为全能团队是靠着整个团队的每一个成员为企业服务的，其凝聚力的原因就来自这颗敬业的心，而敬业的心也来自对专业的熟练掌握，对专业的熟悉又发自原本对专业的喜爱，如此类推之下，就得出全能团队的敬业心根源就在于原本对专业的喜爱，所以对全能团队的每个成员来说，敬业就等于热爱行业。凭着这么一颗敬业的心，全能团队就能全身心地投入工作当中，就能够把工作中的每一件事情和任务都当作是一种锻炼机会来对待，使他们相信在工作中能够获得最大的发展和受益。

此外，敬业的心使全能团队能够在各部门的协调工作中获得更多的发展机遇，获得更多的乐趣。IBM前营销总裁巴克·罗杰斯曾经说过："我们不能把工作看作为了五斗米而折腰的事情，我们必须从工作中获得更多的意义才行。我们得从工作当中找到乐趣、尊严、成就感以及和谐的人际关系，这就是我们作为员工所必须承担的责任。"正因如此，全能团队才会以敬业之心热爱工作，在各自岗位上发挥出工作的热忱。

（二）全能团队具备优秀的独立运行能力

全能团队里的人数虽然不多，但每个成员都是不可替代的人才，除了都具备优秀的专业知识以外，还能独立完成许多工作，使其能够在公司的许多地方做到独当一面。例如在电器修理行业里，每个电器都有其特点和作用，要修理起来，需要专业的修理工进行工作。但如果是一个比较大的电器，则需要多名修理工协同修理。而在电器修理行业中的全能团队成员，因其全能型的特点，能够凭着他个人在这个电器修理行业中熟知多种维修技巧，这就使原本要几个人完成的工作，都能由其一手担当起来。所以，全能团队凭着高素质、全方位掌握的行业技术，使其具备了独立运行的能力。

（三）全能团队能够在把本职工作做好的前提下，为其他部门提供必要的帮助

做好本职工作是实现企业高效率的基本条件，所以，只有先做好自己的本职工作，才能算得上是称职，才能进一步为其他部门提供必要的帮助。

全能团队的团队精神的精髓就在于能够协同工作，这种协同工作的精神也会发挥在其他部门身上，团队成员身上所具备的高素质使他们从不吝惜为他人做贡献。面对其他部门的需求，全能团队的成员们都会以无私的协同精神，在所需的部门中与其他员工一起，发挥所长，共同完成任务，从而推动整个企业的发展。

（四）全能团队能够保持工作的高效率

在全能团队里，几乎每一个成员都是独一无二的，都有其独特

的性格和所掌握的技能，因此决定了每个成员所发挥出来的工作效率也是带有鲜明的特点的，这些特点透露出其突出的个人能力和才华，使全能团队能够在企业里保持高效率的工作状态。

（五）全能团队不会在工作中滥用职权

要做到不滥用职权，首先要在团队成员彼此之间形成一种信任感，信任是引领一个团队协作发展的根源，也是对团队精神更深刻的理解，没有信任，团队精神就会形同虚设。团队中的合作至关重要，而信任又是合作的基础和前提。团队成员之间具备了高度的相互信任感，就能够彼此在工作上认同各自的性格特点、工作能力和道德品质。所以，这种信任感能够带给成员之间一种特殊的安全感和约束力，使他们不会胡乱利用职权去对企业的工作安排进行改动。

全能团队已经成了时代的趋势，究其根本，是因为全能团队对企业的发展有不可忽视的作用。随着时代发展越来越迅速，企业发展遇到的问题也越来越多，而新的问题必须要有新的方法来解决，传统的员工组织体制已经无法满足企业在竞争中的要求。面对人才竞争日益激烈的情况，拥有一个全能团队来作为企业基石是势在必行的。而全能团队之所以能成为一个企业的核心，原因主要有以下两点：

（一）人才流失率低

科技的发展，让各种信息壁垒逐渐被打破，这就造成了人才市场的竞争变得越来越激烈，任何一个企业都面临着被猎头挖墙脚的可能。如果放在几十年前，一个优秀的人才即使有了想离开当前企业的心，一时半会儿他也很难找到下家。他在日常生活中所接触的大都是熟人关系，即使他找到了一家合适的企业，也很容易面临一些职场中的尴尬情况，这相当于变相固定了他的职场生涯。而在当今时代，一个人才可能还没有离开的想法时，就有很多人用各种手段诱惑去挖他了。

而全能团队的优势就在于，将所有精英人才聚集到了一起，将所有企业的骨干力量都结成一个组织形式，一方面能让他们发挥更大的作用，另一方面也更容易管理。这种组织形式人数少、灵活性强，这就让公司的竞争力可能大大上升。全能团队成员在全能团队中实现自身的价值，也可以得到相应的报酬，因此可以减少公司的人才流失。即使有个别成员离开，也可以很有针对性地进行阵容补充。

（二）个人价值观变动

时代的发展，让人们的思想悄然更新，每一代人都会对社会生活有不一样的看法。当今的人才价值观变得更加多样化，雇用关系已经变得不那么简单，脱离了传统的"我给你钱，你给我干活"。现代人才非常有想法，尤其是年轻人，他们不甘心只是简单的赚钱养家糊口，而是想要实现自己的个人价值，越是有能力的人，这个想法就越坚固，他们可能也看重钱，但不一定是第一位的。简单来说，他们要在工作中实现个人价值，而不是单纯的赚钱。

就这一点来说，全能团队非常重要，任何一个有才能的人都不愿意和一群庸人为伍，既浪费自己的时间，又对自己没什么提升。而全能团队成员们都是优秀的人才，这不仅为企业节省了很多资源和成本，同样也减轻了成员个人的工作难度，不会出现"猪队友"的情况，而且能让每一位成员充分体现自己价值的同时，也让他们有了很大的进步空间。

▼ **案例诠释：**

著名的阿里巴巴的"十八罗汉"就是一个令人赞叹的全能团队。马云作为其中的领导者，带领这个团队达成了世界瞩目的成就。而1999年他们开会的时候，不过是在一个破房间里席地而坐，凭借出色的个人魅力和优秀的计划，马云让这一票优秀的人才团结共事，其中的蔡崇信甚至放弃了百万年薪的工作机会，在这里只领500块的薪水，他说："这个团队简直是梦之队，我想和有激情的人一起合作。"

这支团队无所不包，"十八罗汉"中从前端到维护，从销售到人事，每个人的故事都能拿出来写一本书。而这些人之所以能聚在一起，不仅是因为马云崇高的个人魅力，也因为这里独一无二的工作环境。他们在早期决策中没有谁独揽大权，任何事情都是大家研究磋商之后，觉得可以才决定的，决定阿里巴巴的页面设计时，几个搞设计的人彻夜不停地讨论，设计logo时争论过二十多个方案。至于文案、公司建设等更是大家群策群力，通力合作，这也是当年马云让大家集资开公司的本意，他不想让公司变成某个人或者某几个人的，而是要大家在一起，整个团队全心全意地投入公司建设中，才能有好结果。

也正是这样独特而优秀的团队氛围，让阿里巴巴很快就出了头，打破了头也没人能想到他们能在十几年内，从500块月薪的公司发展到今天这个地步。

◆ 全能团队是部门之间沟通的桥梁

英特尔公司的前任CEO安迪·格鲁夫曾经说过："领导企业成功的方法是沟通、沟通、再沟通。"

松下幸之助也说过："企业管理过去是沟通，现在是沟通，未来还是沟通。"可见沟通在企业中是多么的重要，所以松下幸之助将沟通定位为他的企业的一种文化。

显然易见，没有沟通就没有成功的企业，沟通在企业工作中起着越来越重要的作用。但是总有许多企业在强调沟通的同时，却往往忽视有效沟通渠道的建立。尤其是在一些大公司、大企业里，由于人数众多、规模巨大，部门和级别层层叠叠，底层的员工难以向高层领导表达情况，而高高在上的领导层又很难知悉底层员工的工作面貌，于是就给公司造成了沟通不畅的局面，导致给日常工作带来了许多不利的影响。有感于此，一些大公司为了改变这种沟通闭塞的情况，于是组建起全能团队，意在达到沟通各级部门的作用。

（一）全能团队能够保持信息的顺畅

俗话说："上下同心，其利断金。"各部门之间能够顺畅地互通信息，才能建立稳固的人际关系，才能达到协同工作的效果。沟通可以使企业上下各部门的信息传递更加迅速快捷，所以一间大企业要实现高速运转，要让企业充满活力，在沟通上就要能够做到上下沟通，管理层的意思能够下达到下属员工，而下属也能够把他们的声音上传给管理层知晓。全能团队带给企业部门的贡献之一就是运用良好的沟通技巧，在各部门之间建立了良好的人际关系，同时在各个部门，团队成员也努力培养凝聚力和良好的人际关系，其中包括保持持续的交流状态、保持开放的工作态度、鼓励社交、信息共享、互相尊重、互相信任等。同时，稳固的人际关系也消除了许多人为的障碍，使各部门员工在沟通顺畅的工作环境下，知悉整个企业的人际面貌，从而营造出一个温馨融洽的工作氛围，从而也提高了大家的工作效率。

（二）全能团队的高效沟通，能够帮助公司实现高效管理

有效的管理基于有效的沟通，如果领导层只是把工作安排和任务发布出去，而在后续上没有进行必要的沟通，没有对工作内容做出较为详细明了的说明，一旦员工们没有正确理解领导的意图，或者在命令传达的过程中出现了一些疏漏和偏差，那么就可能会造成执行部门误解了工作内容，造成公司不必要的损失。

全能团队在公司中能起到沟通桥梁的作用，实现有效的沟通，

避免出现疏漏和偏差，而他们之所以能在沟通中为领导者和下属建立高效沟通的桥梁，原因主要有以下几点：

（1）全能团队能将领导指令清晰地传达到执行部门

一个完整的沟通过程包括发送、传递、反馈等重要环节。信息的沟通首先确保要将信息发送出去，否则整个信息沟通就不可能产生，而发送的信息必须用简洁明确的语言来表达；其次，信息在传递的过程中，要注意是否能将发送者的意思原原本本地传递下来，因为公司越大，其中的各部门的级别就越多，传递信息所经历的层次也越多，也越容易造成信息在发送过程中失去原来的面目，导致信息失真；接收者收到信息后，要及时反馈给信息发送者，让发送者清楚地知悉其发送的信息已经成功到达接收者手里，如此，在传达信息时，才能达到最佳的沟通效果。

（2）全能团队能协助各部门弄清楚领导指令的最终目的

在与团队成员或各部门成员沟通的时候，团队成员会协助各个部门弄清楚所传达的工作指令，以及所要达成的最终效果或目标，从而达到有效的沟通交流。此外，在工作内容传达中，全能团队出现差错的概率比一般员工更低，他们心知，一旦产生误解，错误的指令就会让各级工作人员的工作出现偏差，给企业造成损失。

（3）全能团队能够不断地将员工的工作状况及需求反馈到领导部门

在工作过程中，全能团队起到了"特派员"的作用，在各级部门中，利用沟通不间断地将每一个员工的工作状况及需求反馈给领导部门知悉，让领导层了解属下员工的工作状况，能够及时了解到员工们真实的需求。例如生产部门的机器陈旧老化，需要购进新的改进后的机器，那么全能团队就要把情况真实地报告给领导层，并结合生产部门的经验，分析更换机器的必要性以及对被淘汰机器如何进行处理等问题。

（4）全能团队在传达信息的工作过程中会遵循逐级报告原则，不会越级办事

逐级报告的原则看似充满了"官僚主义"，但是确有其存在的必要性，因为在大公司里，每天传达的信息量都十分庞大。有的比较重要的信息关乎一些级别人员必须知晓的事情，万一这些信息在传达的过程中，出现了越级传报，就会在中间形成一个或若干的级别沟通消息的断层。所以，如果越级办事，可能会造成某一级别的部门误会其上下级已经知悉了这些信息，容易造成彼此之间的误解。而且越级办事还会造成有些事，在其中一些级别部门的相关人员可能会看出一些问题，但是因为越级传报了，就不能及时给予必要的指点，可能就会将错误的信息上传到高层那里，而高层又会误以为这些事情已经经过了逐层级别部门的审核和认同，以为传达的这些工作内容已经没有问题，就会下令执行起来，结果就会造成公司的损失。

（5）全能团队在沟通中能做到及时反馈信息

在大公司的运作中，信息的传递必须要做到正确、及时，因为这些信息影响到公司上下运作的状态，所以信息的发送者除了必须及时传递信息，还要知悉接收者的意见，并及时地将信息反馈回来。全能团队知悉每一项工作任务的重要性，会在第一时间将反馈传回，以便提升工作效率。

（6）全能团队的成员有良好的沟通技巧

在沟通中，最基本的要求就是让对方能够听得懂你所要表达的意思，而你也能听得懂对方所要表达的意思。全能团队成员熟知每一项工作任务，了解底层员工的想法，沟通起来畅通无阻，能够更好地把握谈话的重点，用最简洁、最清晰的话语，将所要表述的意思表达清楚。

（三）沟通能化解部门之间的矛盾

拿破仑·希尔曾经说过："每个人都有两个面，一面是你人生的光明一面，遇到任何事情，你都会想到积极的因素，都会积极地去判断；而另一面则是你的消极面，每个人都有这样的消极因素。而真正成功的人，无论遇到任何事情，当这两面呈现在他面前的时候，他都会用积极的那一面的生命中的巨人去压倒消极那一面的生命中的魔鬼，所以这个人面对任何的事情时，都会去做积极的假设，会变成一个积极向上的人，遇到任何事情，都会积极去争取，最后就是得到一个自己想要的好结果。"沟通能化解矛盾，澄清疑虑，消除误会，在大公司里，各个部门在日常工作中，可能会因为工作岗位和工作性质的不同而造成误会，从而产生矛盾。这时候，全能团队可以及时进行沟通，了解大家的感受，并让彼此坦诚相待，可能就会化解许多矛盾。全能团队的成员平时分处于各个部门，对职责内的事务非常了解，同时在本部门中也有一定的权威性，又与其他部门的精英——也就是其他全能团队成员非常熟悉，很容易避免这些可能带来损失的麻烦。

（四）全能团队能够营造一个融洽的工作氛围

在沟通中，保持一颗真诚的心，在企业的各级各部门之间通过真诚的沟通，让企业所有的成员能够感受到自己的一分热忱，从而赢得各个部门的人心。沟通能创造和谐的局面，一个沟通顺畅的企业必然是一个工作气氛融洽、工作效率高的企业。这种企业能够让各部门的员工保持愉快的心情，聚集出一股同心同力的斗志。所以，沟通可以使企业上下级之间，各部门之间相处更加融洽。全能团队在沟通中扮演着非常重要的角色，他们的高素质和专业能力，可以帮助企业打造一个优秀的工作氛围，从而提升公司整体的工作效率和竞争力。

▶ **案例诠释：**

某玩具公司最近闹得不可开交，原因就是采购部应设计部的要求，计划购入一批原料，于是按照熟悉的市场对比价，将这批原料计算出一个采购的价格，并上报财务部核准。但财务部在审核之后，拒绝拨款，结果采购部、设计部和财务部为了这事互相争吵不休。这件事传到董事局这里，董事长也难以判断谁是谁非，只好委托公司的全能团队进行处理。

全能团队接手之后，着手在各个部门中进行调查，经过一番认真仔细的调查，终于弄清了事件的缘由。原来是设计部为了开发一款新的玩具产品，需要一批原料来进行试验，于是就将所需购买的原料列出一份清单，交给采购部。采购部得到了清单之后，利用自己对以往市场价格的经验，预算出了采购价格，接着上报给财务部。而财务部在核准的过程中，也登录了相关原料网站查询价格，发现采购部上交的原料价格大大超出了市场价，所以驳斥了采购部的拨款请求。

那么这到底是哪一方正确呢？全能团队继续调查，结果发现采购部所要求采购的原料其实跟财务部所查询的原料存在着质量的差距，故而价格也有所不同，而采购部也因为过于自信，忽视了市场价格的波动，总之，引起纷争的原因就是沟通不畅。于是，全能团队分别与各部门进行了沟通，在与设计部的谈话中，全能团队的设计员向他们提供了一些自己的想法，并且最终决定做一些创意修改；而与采购部的谈话中，团队的销售人员则表示这种错误是不应该出现的，他们必须时刻把握市场情况，同时销售人员向他们介绍了一些简单有效的消息判断方法，采购部门非常虚心地接受了这个建议；

财务部的严谨则得到了全能团队成员的一致认可，但团队中的会计也指出了他们在其他工作中的一些小错误。经过这一番沟通之后，大家才意识到自己的表达都存在着错误，就此进行互相谅解，一场纷争也就这样化解了。

经过了这次风波，这家玩具厂更加重视利用全能团队在各部门之间进行加强沟通问题的工作。

◆ 全能团队可同时承接多部门工作

大企业很多时候意味着战略保守、机制僵化、效率低下、竞争力弱。出现这种现象的主要原因，就是公司内部没有建立良好的管理和竞争机制。全能团队作为企业的精英，能够承接多部门的工作，能够刺激企业各个部门活跃起来，并积极参与竞争。全能团队的成员本身也是员工，能够理解底层员工的想法，协调领导和员工之间的关系。除此之外，全能团队在承接各部门的工作时，能够发现各部门的工作问题，帮助该部门改良工作方法，提高工作效率。

（一）全能团队能够胜任企业多个部门的工作

俗话说"术业有专攻"，各行各业都有其专业的特点和限制，就算是在同一个企业里，尤其是大企业，其各部门的分工也都很明确，各个部门各司其职，财务部管理公司日常开支和收入、负责发放员工工资；策划部规划公司所承接或开发的项目、制定公司目标；生产部生产产品，并对产品进行合格检验……所以说，每个部门的工作性质都不一样。但是对于全能团队来说，却一点也不妨碍其成为跨功能团队的作用。因为全能团队本身就是一个多功能的人才组合体，其内部成员包括了能够胜任各个岗位的成员，而且这些成员都是行业内的精英人士。凭着这一点，在大型企业里，全能团队能同时承接多个部门的工作，并在这些工作岗位中创造效益。

（二）全能团队能够与多部门进行良性的竞争

全能团队靠着技术和能力取胜，也能够在各个部门之间产生合作和竞争。而这种与多部门密切合作和适当的竞争，有利于团队的发展和团队成员的学习，从而使团队成员在工作中提高工作效率。在这样的条件下，团队成员或团队与其他部门成员之间会产生竞争意识，从而在一定程度上提高了整个企业的发展实力。但这种竞争意识如果出现强于合作意识的情况，可能就会导致团队成员与部门的其他成员在工作中更倾向于竞争，从而忽略了合作。这种情况可能会导致公司部门与团队之间出现不和以及恶性竞争的情况。对于此，企业领导者或者团队领导者可以安排团队和其他部门的成员通过联合活动来增加彼此之间的合作机会和凝聚力，以此让大家形成"合作是做好工作的最佳方式"的观念。其实，每个人都会有或多或少的竞争心理，良性的竞争不仅不会影响部门或团队的成员之间的关系，反而能够提升工作效率。只要及时在部门与团队中扫除恶性竞争的隐患，严守公司规定、合理分配利益、赏罚分明，就能够促进良性竞争。

（三）全能团队能够调解领导者和员工之间的关系

李嘉诚曾经说过："一个企业就像一个大家庭，员工才是企业的功臣。与其说管理者养活了员工，倒不如说是员工养活了老板，养活了公司。"确实，没有员工们的辛勤工作，企业的领导者也只能是一个光杆司令。全能团队则是两者之间的润滑剂，能让领导者实现企业和员工融洽相处。全能团队之所以能够调节领导和员工的关系，主要是因为以下几点原因：

（1）能够在工作中寻找实现"双赢"的机会，及时与各个员工分享成功的喜悦

这种带有鼓励性质的举措，能够让员工们看到自己在公司中的重要性，也让他们看到领导者对他们的重视程度，起到了激励的作用，防止在员工之间产生负面的情绪影响。全能团队成员也是员工，更懂得其他员工的心理，在沟通中身份也更加接近，从而融洽处理员工和领导者的关系。

（2）能够将员工的绩效与公司的整体利益紧紧地绑在一起

在日本，企业很少出现员工频繁流动的现象，这就是因为在日本的企业文化中形成了一种"企业为家"的信念，将员工的绩效与公司的整体利益紧紧地绑在一起，从而让员工们感受到一种"家庭式的温暖"。普通员工由于其自身能力和眼界所限，对于企业和自身的关系有时判断并不明确，可能会出现抱怨、消极的情绪。而全能团队有非常高的职业素质，他们更能理解领导者的想法，同时也非

常热爱工作和自己的职业，他们能清楚地认识到，为企业整体创造更高的效益，他们本身也能跟着受益。

（3）让公司员工看得到自己的劳动成果，从而激发员工的工作潜力

全能团队可以建议每个部门将员工们的业绩公布在公告栏上，并说明员工们的业绩能够得到怎样的回报和奖励，这样无形中会激发员工们的工作潜力，也会因此引发员工们向上的竞争力，从而盘活整个部门的动力。全能团队成员也是从低层做起的，他们知道各个领域中最有成就感的事情是什么，从而知道如何激励其他员工，使他们在工作中迸发出更大的热情。

（四）全能团队懂得通过各种方法提高工作效率

全能团队不仅能在日常工作中为各个部门起协作作用，更能够通过各种方法提高工作效率。

（1）全能团队善于在工作中不断向各个部门学习，逐步掌握各个部门专业知识的精华

古人云："不积跬步，无以至千里。"全能团队懂得积少成多的道理，每天都能通过学习，在协作各部门工作的同时，学习各部门的专业知识，每天学一点点，就能进步一点点，长此以往，必能得到应有的学习回报。通过在工作中不断地学习，全能团队的成员就可以让自己的专业知识量变得更加充实。

（2）全能团队善于在诸多的方案中筛选出最佳的方案

善于选择最佳方案，是全能团队工作中关键的一环。在关乎企业发展的各种方案中，团队成员能够快速地对各种备选方案进行权衡，并且从中选出最为合理、最能符合公司利益的最佳方案。

（3）全能团队能够保持稳定的工作作风、严谨的工作态度

俗话说："出产品之前先出人才，出人才之前先出人品。"在达到高效的工作效率之前，全能团队的成员们首先要具备稳定的工作作风、严谨的工作态度，这是因为在企业工作里，工作上的作风影响着态度，态度又影响着效率，如果没有良好的对待职业的作风和态度，就不能胜任岗位上和团队上的工作，不能在学习中保持积极向上的心态。

（4）全能团队不安于现状，永远追求新的高度

这也是团队成员进步的一个重要的原因，不安于现状，并不是意味着不敬业，反而恰恰是因为对行业热爱，力求做到精益求精的表现。团队成员在行业中通过学习积累，将自己的专业知识熟练掌握在手，必然会有更高层次的追求，而眼前的工作条件已经不能满足他们的需求，必定会去追求更上一层楼的新高度。

（五）全能团队能够在工作中严守各个部门的秘密

在与公司各个部门进行协调合作的时候，全能团队或多或少能够掌握一些部门里的秘密，其中包括专业技术的运用、部门人员之间的合作关系、部门发展规划的策略等，这些各部门领域上的事情之所以会成为秘密，是因为其中涉及一些专业技术的秘密、关乎部门和公司发展的前景等。但是，全能团队的成员凭着其出众的学习能力、敏感的观察力，总是能够在有意无意之间得知一些部门的秘密。面对这种情况，全能团队就要严格遵守自己的职业操守，对公司各个部门的秘密进行保密，尤其是涉及专业技术方面的，更是要进行严格的保密。

▼ 案例诠释：

如今每逢佳节，在一些较大的网络商城，各个公司和厂家都会利用节日，为了自己的产品而进行一番销售浪潮。但如何能够抓紧节日的良机实现销售额，就需要每个企业单位各出奇招了。

风华精品制造厂是一家专门制造一些精致的小展品的厂家，每逢节日，总会应不同的节日特色制造出符合潮流的产品，并能够在各大网络商场畅销。究其原因，就是这间精品厂在内部组建了一支全能团队。在这个团队里，组成了一个浓缩各个部门的迷你运行机构，包括策划、采购、销售等，团队里的成员们通过互相沟通，制定出自己的工作目标，然后再将目标反馈给相关部门，以达到工作的可行性。例如团队里的策划师有了一个好点子，就可以简单提个初步计划，然后经由大家讨论，掌管销售的成员就会根据市场情况提出自己的意见，然后策划师再修改。而销售人员又可以跟采购部门的成员一起制定销售方案，确定成本和利润。方案初步成型之后，将这个方案传达给各个部门，并一起经过讨论，制定出一个成熟的目标。这样一来，就节省了前期大量的沟通时间，既有效又便捷。

全能团队在无形中承接了各个部门的工作，帮助各个部门指明了工作的方向，从而使风华精品制造厂能够屡屡抓住市场良机，完成既定的销售额。

◆ 全能团队能够帮助企业查漏补缺

管理学中有一句名言是这样说的："一百个行动也无法挽救一个错误的决策。"据统计，世界上破产的企业中，有89%的失败原因在于决策上的失误，而这89%的失误决策中，又有85%的原因来自企业领导层在确定决策时，忽视了企业的实际情况。所以，任何脱离实际情况、肆意妄为的决策，都会给企业带来灾难性的后果。

成都有一家大型乐器行，老板在美国旅游，在街上看到很多卖艺的流浪艺人用的乐器都很不错，他突发奇想：美国的流浪歌手都用这么好的乐器，为什么我不在自己的乐器行里也上一点高端货呢？这位老板在自己的公司向来说一不二，独断专行。于是他在没有跟公司团队商量的情况下，就贸然决定进一批高端品牌的乐器，为此他特意去几大著名厂考察了一番。货比三家的他，与一家世界闻名的品牌签了订单，为了赶紧回去打理店面他提前结束了旅行，回到了成都。心满意足的他回到了店里，刚跟几个销售人员和吉他老师说完，他们都面面相觑，告诉他那个牌子在国内肯定卖不出去。老板不置可否，觉得他们没有眼光，要是去了美国看到那些流浪歌手他们就知道了。果然，乐器行的顾客仍然是络绎不绝，但过了两三个月，这位老板从美国进的那批高端货，却一个都没卖出去。

可见，在许多失败的企业中，造成其失败的原因往往是决策上的错误，但是这些决策的错误，往往又是在日常工作中逐渐积累而来的。"千里之堤，溃于蚁穴。"不注重公司日常小事中的问题，小事就会逐渐积累成大问题，最后这些问题就会影响公司的决策，而错误的事情所造成的后果必然是错误的。就像例子中的这位乐器行的老板，他不仅独断专行，还不吸取他人的意见，公司的员工也没有去做市场调查，让老板及时放弃当前的想法，没有起到查漏补缺的作用，最终给公司带来了较大的损失。

在大企业，每一个决策都能起到牵一发而动全身的作用，影响着公司上下众多部门员工们的发展。所以，为了能够避免出现错误的决策，企业的领导层非常需要有人能够在日常管理上，帮助企业的各个部门查漏补缺，将公司的隐患尽可能地查找出来，并用最好的方法加以解决。

全能团队作为精英团队，具有低成本、多功能、高效率、灵活性强的特点。在大公司中，全能团队有较强的自主性，能够及时发现公司存在的问题并解决问题。全能团队在查漏补缺方面可以为大企业做好以下几点：

（一）全能团队能够与各个部门做好沟通

在前文我们说过，全能团队可以与各个部门做好沟通工作，而在查漏补缺的工作上，全能团队的优势主要体现在以下几点：

（1）能与各个部门保持流畅的沟通

全能团队熟悉其他部门的技术和业务，从而在技术和业务等方面上掌握各个部门运作的情况，为检查工作创造最基本的条件。

（2）能与各部门打好关系

良好的开始就是成功的一半，在工作中，成员们能与各个部门的同事打好关系，为接下来的工作奠定人为的基础，减少制约。检查工作毕竟是涉及干预他人行为的动作，在一些部门员工眼里，这些前来检查的人员是老板的"特派员"，与其有距离感。而全能团队之所以能够融入部门工作中，主要是因为他们自身的能力优秀，而且本身就出自各部门，所以和其他工作人员会很熟悉，从而避免一些不必要的误会。

（3）熟知各部门的运作

全能团队凭着自己的专业技术和跨专业所掌握的经验，对各个部门的岗位运作有深刻和全面的了解。只有熟悉各个部门的运作，才能在这些运作中发现一些不合理的问题，进而去改善。

（二）全能团队具备发现问题、解决问题的能力

（1）发现问题

工作上的所谓问题，就是在企业的管理、工作和运行当中，其应有的现象和实际上看到的现象之间存在一定的差距，这种现象是造成公司的正常工作运转出现目标偏离的原因。由于客观事物的复杂性和主观认识上都会存在着一定的差别，所以在平时的工作中，问题的发源部门的员工往往不能容易地去发现问题，这就是所谓的"灯下黑"。而作为各个部门的协作者，全能团队却能够发现问题的所在，这不仅是因为"旁观者清"的道理，更是团队成员具备的全能的作用。一旦发现问题，全能团队就能通过平时的调查、收集和整理情报，将发现的问题提上解决的日程表。

（2）查找原因

确认了存在的问题，就要查找原因。因为如果问题的起因不明不了，就很难在下面的解决工作中做出正确的决策。就比如两个病人同样出现的头晕和浑身发热的症状，高明的医生却能找到两种不同的病因，从而开出不同的处方，治好出现同样表面症状的疾病。因此，在一些企业的工作上，也可能会出现类似医生治病这种情况，出现了同样的问题，但其成因却是不一样的。全能团队在公司各部门中起到沟通桥梁的作用，熟知各个部门的工作，相互之间配合默契，能够很快地找到工作出现疏漏的原因。全能团队正像是一个优秀的医疗团队，可以针对不同情况对症下药。

（3）找到解决问题的办法

确立了问题的根源，接下来就是找到解决问题的方法。在制定解决问题的方案时要充分考虑公司的其他利益，也就是说，解决了这个问题，是否又会产生新的问题，而这个新的问题会不会比原先的问题更加严重。此外，有些所谓的"问题"，存在着利弊参半的现象，这也为接下来制定解决问题的方案增加了难度。全能团队凭借其在基层摸爬滚打的经验，可以有效地避免这些错误，在解决问题的方法和往后所制定的方案上，他们会顾及企业的整体利益，万不得已时，还能做到避重就轻，最大限度地减少公司损失。

（4）制定有效解决问题的方案

通常在企业中，会根据问题的解决方式制定好解决问题的方案。而全能团队制定方案就是为了寻找达到解决问题的有效途径，通过严谨的调查和研究，他们能够找出一种最佳的解决方案。

（5）按照解决方案进行分工

全能团队一旦确定了解决方案，就会按照方案展开实际工作。在工作中，他们能够组织相关的工作人员去落实责任，并建立严格的责任制，最大化地利用团队中每一位人才，将工作落到实处。

（6）最终解决问题

全能团队衡量解决问题的关键，就是看这个问题是否已经按照预料中的情景得以圆满解决。此外，完成解决问题的任务后，他们还可以制定预防再出现类似问题的措施。

（三）全能团队具有高度的忠诚

全能团队能够为企业查漏补缺，还与其具备高度的忠诚度是分不开的。作为一名全能团队成员，会把维护公司利益作为基本的职业道德。所以他们在各部门的工作中，能够做到诚实、保密，绝不做损害公司利益的事情，并自觉地将维护公司的利益作为自己必须恪守的基本职业道德。

（四）敢于对有损公司利益的行为及措施说不

全能团队凭着其可贵的敬业心，时时刻刻关心着公司利益，一旦出现有损公司利益的事情，团队都会加以否决，甚至不惜顶撞领导层。例如，有一家园林公司拥有一块闲置的地皮，而刚好有个开发商看中了这块地皮，请求园林公司高价出租给他兴建养猪场。但是，养猪场属于污染严重的产业，一旦给周边环境造成难以弥补的破坏，不仅会受到有关部门的处罚，还会给周边居民和生命带来重大的影响。所以在园林公司内部的全能团队的劝阻下，公司最终取消了这个交易。

▼ **案例诠释：**

安娜饼店是一家专门制作高级糕饼的连锁店，凭着其优质的食品、精湛的工艺、良好的信誉，十几年来一直兴盛不衰，并不断进行扩张，以至于将连锁店开到了全国各地。为了加强对这些分店进行管理，总公司特别成立了全能团队，以达到为这些分店查漏补缺的作用。

潘健是这支团队的领导者，他在这个行业干了十几年，非常有经验。团队中其他成员也非常优秀，策划、设计、生产、管理等方面的人才一应俱全。他们最近接到的任务是帮助店铺占领更多市场份额。全能团队中的市场销售人员带领大家进行了全面的调研，针对现在的市场情况做出了一番评估，发现其主要竞争对手有两家，而且这两家实力都不弱。

这个情况上报到总经理那里，总经理生性冲动，并没有进行太多考虑，就做出了全面加大竞争力度的指示，主要手段就是降价营销。但是，潘健根据自己多年的经验却觉得降价销售不利于公司的长远发展。于是，他带领团队进行了深入的市场调查，有的负责客户的调查问卷，有的负责调查竞争对手公司当前的情况，有的负责网络销售数据和口碑的分析。综合所有调查信息，他们发现，其他两家公司为了抢占市场，也在打价格战。客户对于糕点更关注的是口味，而不是价格。三家糕点连锁店的价格相差并不太大，打价格战反而会让客户潜意识认为糕点的质量降低，口味变差。从长远来看，并不利于公司的发展。

于是全能团队再次上报了目前的市场情况，表示如果此时和竞争对手展开价格战，不利于公司的长远发展，最好的方法是在糕点的口味和样式上做提升，并打响高品质健康糕点的品牌名声。同时，全能团队向总经理提出了以逸待劳、坐山观虎斗的方案，提议暂时将抢占市场的计划搁置一段时间，等到两家都进入价格战疲劳期后再进场，这个方案得到了老总的同意。

果然，短短几个月其他两家竞争对手就因为恶性竞争，不得不放缓了拓展市场的脚步。全能团队此时重启了酝酿已久的市场方案，一举收获了成功，将糕点市场从两雄相争变成了三足鼎立。